HEYNE BÜCHER

D1994761

HEYNE KOCHBÜCHER

Dr. med. Antje Schaeffer-Kühnemann

Die Kühnemann-Diät

Auf gesunde Art schlank werden und schlank bleiben

WILHELM HEYNE VERLAG
MÜNCHEN

HEYNE KOCH- UND GETRÄNKEBÜCHER
Nr. 07/4343

4. Auflage

Genehmigte, ungekürzte Taschenbuchausgabe
Copyright © 1979 Mosaik Verlag GmbH, München
Printed in Germany 1985
Umschlagfoto: Mosaik Verlag GmbH, München
Umschlaggestaltung: Atelier Heinrichs & Schütz, München
Satz: Schaber, Wels
Druck: Ebner Ulm

ISBN 3-453-40327-4

Inhalt

Die drei Fragen, die mir am häufigsten gestellt werden

Wenn ich mit Patienten spreche, die kleine oder größere Gewichtsprobleme haben, oder wenn ich nach unseren medizinischen Fernsehsendungen von Menschen angesprochen werde, die ebenfalls mit dem Übergewicht kämpfen, dann sind es vor allem drei Fragen, die mir immer wieder gestellt werden:

> **1.** *Ich esse wirklich kaum etwas – warum bin ich so dick?*
>
> **2.** *Was kann ich essen, um abzunehmen?*
>
> **3.** *Ich kann einfach nicht hungern, ich halte diese Diäten nicht durch – was kann ich tun?*

Hier meine Antworten:

Zu Frage 1: *Ich esse wirklich kaum etwas – warum bin ich so dick?*

Diese Frage ist leicht und schwer zugleich zu beantworten. Die Antwort ist leicht, wenn man vom Standpunkt der Ernährungswissenschaftler ausgeht. Da gilt das einfache Rechenexempel: Wer mehr ißt, als sein Körper braucht, der nimmt zu. Und wer weniger Kalorien zu sich nimmt, als sein Körper verbraucht, der nimmt ab.

Dazu ein paar Zahlen: Der Kalorienverbrauch richtet sich zwar nach vielen verschiedenen Größen, wie etwa Körpergröße, Körpergewicht, Geschlecht, Alter, Art der Tätigkeit, die man ausübt, danach ob es eine leichte oder schwere Arbeit ist, wieviel Muskelkraft man dazu braucht und so fort. Wir können aber davon ausgehen, daß die meisten von uns zu den sogenannten »Leichtarbeitern« gehören, und daß wir – durchschnittlich – täglich etwa 2200–2400 Kalorien verbrauchen.
Statistische Erhebungen haben jedoch ergeben, daß der Pro-Kopf-Verbrauch unserer Bundesbürger täglich bei 3000 Kalorien liegt. Das heißt: Die meisten von uns essen täglich zwischen 600 und 800 Kalorien zuviel.
Nach Angaben der Deutschen Gesellschaft für Ernährung trägt die Hauptschuld an diesem Zuviel an Kalorien ein zu hoher Fettverbrauch. Man hat ermittelt, daß wir im Durchschnitt täglich 130 Gramm Fett zu uns nehmen, daß eine Menge von 70 Gramm aber bereits ausreichen würde. Wenn wir also nur den Fettverbrauch einschränken, können wir schon 558 Kalorien einsparen, und die meisten hätten ihre Gewichtssorgen dann fast schon gelöst. Das heißt: Sie wären dem Ziel, nur soviel Kalorien zu sich zu nehmen, wie sie auch verbrauchen, bereits sehr nahegekommen.
Wenn die Lösung des Problems wenigstens zum Teil so klar ist, warum habe ich dann vorhin gesagt, daß die Antwort auf die Frage, warum man dick wird, obwohl man kaum etwas ißt, leicht und schwer zugleich zu beantworten ist?
Nun, die Antwort ist schwer, weil es so schwer ist einzusehen, daß auch das Wenige, was man ißt, zuviel sein kann. Doch es *scheint* nur wenig zu sein. Denken Sie noch einmal an das Fett. Wie dick streichen Sie die Margarine oder die Butter auf Ihr Frühstücksbrötchen? Könnten Sie hier nicht schon die Hälfte oder noch mehr einsparen? Ist Ihnen klar, wieviel in dem so mager aussehenden Würstchen, das Sie so »nebenbei« gegessen haben, an Fett versteckt war? Sie haben zwar tatsächlich einen Tag lang hauptsächlich Salat gegessen; aber

wieviel Öl haben Sie zum Anmachen verwendet? Und wie steht es mit den übrigen Kalorienträgern? Mit der Scheibe Wurst, dem Stückchen Käse, dem Eckchen Brot, das Sie zwischendurch mal schnell in den Mund schieben, ohne es richtig zu registrieren? Wie steht es mit dem Stückchen Schokolade, dem Keks aus der bereitstehenden Konfektschale, so schnell mal im Vorübergehen in den Mund gesteckt?

Und wie ist es mit dem Trinken? Daß Zucker viele Kalorien hat, haben die meisten schon gehört. Und immer mehr Leute tragen stets Süßstoff bei sich, um die Zuckerkalorien zu sparen. Das ist sehr begrüßenswert. Aber wie sieht es mit den anderen Getränken aus, wenn es einmal nicht Kaffee oder Tee ist? Was ist mit der Limonade, der Cola, dem Saft zwischendurch? Ein Liter Limonade zum Beispiel hat bis zu 500 Kalorien. Und denken Sie an den Alkohol – für viele Übergewichtige leider das Hauptproblem. Eine Flasche helles Bier hat 235 Kalorien, eine Flasche Starkbier sogar 527 Kalorien. Viel besser sind die Weintrinker auch nicht dran. Sie trinken zwar meistens mengenmäßig weniger, aber dafür enthält schon ein Schoppen Weißwein, je nach Trockenheit oder Süße zwar unterschiedlich, aber im Mittel etwa 175 Kalorien.

Ich glaube, wenn Sie einmal ganz ehrlich zu sich selbst sind, wenn Sie wirklich an all das denken, was Sie so den Tag über an Kleinigkeiten, die doch eigentlich »gar nichts« waren, zu

sich nehmen, wenn Sie überlegen, wo überall Kalorien versteckt sind, an die Sie gar nicht gedacht haben, dann werden Sie auch von sich aus zu dem Schluß kommen, daß Sie eben auch nicht *von nichts* dick geworden sind.
Und um Ihnen die Selbsterkenntnis zu erleichtern, werde ich Ihnen später zum Auftakt meiner Diät einen Weg zeigen, der Ihnen hilft, den Feinden Ihrer schlanken Linie auf die Spur zu kommen.

Zu Frage 2: *Was kann ich essen, um abzunehmen?*

Hier kann ich mich auf eine kurze Antwort beschränken: Es gibt nichts Eßbares, wovon man abnimmt. Man nimmt nur von dem ab, was man wegläßt.
»Ach«, werden Sie jetzt sagen, »doch wieder hungern, verzichten, darben – das ist nichts Neues, das kennen wir schon, also brauchen wir gar nicht weiter zu lesen.« Bitte, nicht so voreilig. Sie werden schon sehen, daß man mit etwas List und Tücke, mit einigen Tricks und Kniffen die Klippen umschiffen kann.

Zu Frage 3: *Ich kann einfach nicht hungern, ich halte diese Diäten nicht durch – was kann ich tun?*

Wer so fragt, hat schon schlechte Erfahrungen gemacht. Vielleicht lag es an der Diät. Vielleicht lag es an ihm selbst. Vielleicht lag es auch nur am falschen Zeitpunkt.
Werfen Sie deshalb zunächst einen Blick in den Terminkalender. Warum? Nun, weil es dem Durchhaltevermögen sicher nicht sehr zuträglich ist, wenn gleich nach den ersten zwei Diät-Tagen eine Geburtstagsfeier ansteht oder Festtage kommen. Wenn ein Abendessen mit Freunden geplant, ein Betriebsfest angekündigt ist oder geschäftliche Einladungen nicht zu vermeiden sind. Wenn Sie erst einmal Ihre Eßgewohnheiten umgestellt haben, ist das alles zu meistern. Aber man muß sich ja nicht gleich am Anfang eine Niederlage einhandeln und dann deprimiert aufstecken.

Es ist sicher auch nicht günstig, in der Zeit der stärksten beruflichen Anspannung mit der Ernährungsumstellung zu beginnen.
Probleme in der Familie, mit Freunden, Konflikte am Arbeitsplatz stehen zwar nicht im Terminkalender, aber jeder von uns weiß, daß man in solchen Situationen nur allzu gern bereit ist, den Ärger buchstäblich in sich hineinzufressen oder herunterzuspülen. Das heißt nun nicht, daß man den Entschluß, den Kampf gegen die lästigen Pfunde anzutreten, auf die lange Bank schieben sollte. Ist der Zeitpunkt aber zu ungünstig, dann sind die zusätzlichen Belastungen und damit die Gefahr des Scheiterns einfach zu groß.
Im übrigen bin ich durchaus ein Freund von spontanen Entschlüssen. Das A und O ist, wirklich zu wollen. Das lähmende Sattsein satt zu haben. Um ein Modewort zu gebrauchen: Man muß motiviert sein. Je stärker die Motivation, also der innere Antrieb, um so leichter wird man durchhalten.
Die Antwort auf die Frage »Was kann ich tun, um durchzuhalten?« liegt ganz wesentlich in dem Satz: *Ich will!* Ich will nicht mehr der Dicke oder die Dicke sein. Ich will nicht immer von der Verkäuferin hören: Ihre Größe haben wir leider nicht. Ich will anziehen können, was mir Spaß macht, ohne schamhaft meinen Bauch oder meinen Po verstecken zu müssen.
Auch gesundheitliche Gründe können motivieren. Allerdings leider meist erst dann, wenn schon die ersten Anzeichen einer Schädigung zu spüren sind. Wenn etwa der Rücken wehtut, wenn Hüfte und Knie unter dem Übergewicht schmerzen. Wenn der Arzt einen zu hohen Blutdruck erkannt hat, das Herz überfordert ist oder ein Diabetes entdeckt wurde.
Lassen wir es nicht so weit kommen!
Fangen wir an, neu zu leben!

Diät, ein unbeliebtes Wort – warum eigentlich?

Fangen wir an, neu zu leben! – »Wie meinen Sie denn das?« wird manch einer von Ihnen jetzt fragen. »Abnehmen möchte ich ja gerne, aber was heißt da: *neu leben?* Eine Diät einzuhalten, ist doch entsetzlich. Man muß sich kasteien. Das Leben macht in dieser Zeit ja gar keinen Spaß, und Sie sagen

neu, so als ob das etwas Schönes, Frisches, Aufregendes, Lebenswertes wäre, als ob es geradezu Spaß machen würde.«

Das meine ich tatsächlich! Ich bin gespannt darauf, Ihre Meinung zu hören, wenn Sie meine Diät wirklich kennengelernt haben.

Diät = Lebenseinteilung

Wenn wir das Wort Diät übersetzen, dann steht da nichts von Einseitigkeit und Darben, dann heißt das einfach: Einteilung, Lebenseinteilung. Ein neutraler Begriff, der nur leider in der Vergangenheit einen negativen Beigeschmack bekommen hat. Das liegt zum Teil daran, daß Diät zunächst als Krankenkost bekanntgeworden ist. Für Gesunde ein nicht gerade verlockender Aspekt. Außerdem hat man die Betroffenen nicht zu Unrecht immer bedauert. Was durfte der Magenkranke alles nicht essen: nicht zu scharf und nicht zu süß, nicht gebacken und nicht gebraten, nicht zu kalt und nicht zu heiß, kein Fett und keinen Kaffee, keinen Alkohol und keinen Tee, und mit Linsen, Bohnen, Erbsen war auch nicht zu scherzen. Mit Galle-Schonkost war es nicht viel besser, und für die Leber galt das gleiche. Nun, es gibt auch heute noch ärztlich notwendige Diät-Vorschriften, aber sie haben sich wesentlich gelockert, und die Verordnungen sind weitaus mehr auf die Bedürfnisse des einzelnen ausgerichtet.

Diät – alles andere als »Einseitigkeit«

Zusätzlich haben auch noch andere Faktoren zur Diskriminierung des Wortes Diät beigetragen. Da ist zum einen der Fanatismus bestimmter früherer Diät-Apostel und zum anderen die Tatsache, daß sie aus der von ihnen propagierten Diät nicht nur eine Lebensweise im eigentlichen Sinne des Wortes machen wollten, sondern darüber hinaus eine alleinseligmachende Weltanschauung.
Und zum dritten ist der negative Beigeschmack auch dadurch entstanden, daß sich fast alle Diäten, die eine Gewichtsabnahme zum Ziel haben, ein gemeinsames Prinzip zunutze machen: Sie lassen einen Grundnährstoff weg. Unsere Nahrung besteht im wesentlichen aus drei Grundstoffen: Kohlenhydrate, Eiweiß und Fett. Wenn einer dieser Grundnahrungs-

bestandteile aus der Ernährung entfernt wird, nimmt man ab, obwohl man von den beiden anderen fast soviel essen kann, wie man möchte. Vereinfacht kann man sich das so erklären: Der Körper versucht, aus seinen Reserven und mit Hilfe der restlichen beiden Grundnahrungsbestandteile das Defizit zu decken. Aufgrund dieser Arbeitsbelastung verliert er Gewicht. Andererseits hat man von der Einseitigkeit bald genug. Der Appetit läßt nach, man ißt weniger, und man nimmt ab. Das Negative an solchen Diätformen ist aus ärztlicher Sicht die einseitige Mangelernährung. Aber auch für den Betroffenen ist diese Einseitigkeit nicht nur vom gesundheitlichen Standpunkt her schlecht. Wenn ich mir die mißgelaunten Gesichter so vieler anschaue, wenn wieder einmal ein paar Diät-Tage in Aussicht stehen, so spricht aus ihnen nicht gerade Begeisterung für solche einseitigen Schlankheitskuren. Jede Einseitigkeit führt über kurz oder lang zu Überdruß und Mißbehagen. Denken Sie einmal an Ihre Lieblingsschleckerei. Nehmen wir an, Banane mit Schokoladenüberzug wäre Ihr Favorit. Und nun müßten Sie einige Tage hintereinander ausschließlich Banane mit Schokoladenüberzug essen. Unmöglich! Sie könnten sie schon nach kürzester Zeit nicht mehr sehen. Oder denken wir einmal nicht nur an das Essen: Ihre Lieblingsbeschäftigung ist vielleicht tanzen. Und nun sollen Sie zu jeder Tages- und Nachtzeit tanzen. Ich glaube, Sie hätten bald genug davon. Wieso also verlangt man, daß das bei einer Diät anders sein soll? Es ist doch kein Wunder, daß man sie bald schon »satt« hat, wenn sie so einseitig angelegt ist. Daß man immer auf das Appetit hat, was man gerade nicht darf.
Diät kann nicht heißen: Einseitigkeit, Mangel, mühevolle Entbehrung. Diät muß heißen: Vielfalt, Freude am Essen, Ausgewogenheit – und trotzdem nicht zunehmen.
Wir müssen uns also etwas einfallen lassen. Ich habe es für Sie getan, und so entstand meine Diät – die Kühnemann-Diät.

Weizen

Warum ist es so schwer, abzunehmen?

Wir leben zwar alle im zwanzigsten Jahrhundert, aber wir ernähren uns so, als steckten wir noch mitten in der Steinzeit. Damals war die Sorge um die Nahrung hauptsächlicher Lebensinhalt. Der Mensch mußte all seine Kräfte einsetzen, um hinter den Tieren herzujagen. Auch heute kreisen unsere Gedanken häufig um das Essen, besonders dann, wenn wir abnehmen wollen.

Aber wir haben es einfacher als unsere Vorfahren: Wir brauchen nur die Kühlschranktür zu öffnen, und alles liegt bereit. Während man damals ständig auf der Hut vor Gefahren sein mußte, während man augenblicklich zum Angriff überging oder schleunigst die Flucht ergriff, können wir heute nicht einfach zuschlagen oder weglaufen. Und was fangen wir mit den mühelos angefutterten Kräften an? Eingesperrt in die Errungenschaften unserer Zivilisation, gefesselt von der Angst, etwas davon zu verlieren, wagen es viele nicht einmal mehr, richtig zu schimpfen und sich damit Erleichterung zu verschaffen.

Essen = schneller Trost

Und was tut der so gequälte Mensch? Er tröstet sich mit etwas Eßbarem. Oder aber er schimpft zu Hause, er beschimpft diejenigen, die gar nichts für seinen Ärger können. Und was tun die? Sie trösten sich mit etwas Eßbarem.

Mancher wird mich jetzt fragen: Was soll man denn sonst tun? Meine Antwort: Zum Beispiel Sport treiben. Dabei können wir unser Bedürfnis nach Angriff oder Flucht ausleben. Wir tun das dann lediglich zeitversetzt. Daß daneben auch noch Herz und Kreislauf trainiert werden und unsere vernachlässigten Muskeln, Bänder und Gelenke, ist mehr als wünschenswert. Für die Gewichtsabnahme selbst sollte man sich vom Sport allein allerdings nicht zu viel versprechen. Um eine Semmel oder ein Brötchen mit Butter oder Margarine abzutrainieren, müßten Sie zwei Stunden lang spazieren gehen oder 20 Minuten kräftig schwimmen. Die Devise heißt deshalb Sport *und* richtige Ernährung.
Eine andere Möglichkeit, sich zu entladen: Schreien Sie ruhig einmal. Aber dort, wo es niemandem weh tut, zum Beispiel auf dem Fußballplatz. Sie dürfen sich dann nur nicht schon wieder zu sehr ärgern, wenn Ihre Mannschaft verloren hat. Aber es muß nicht nur der Fußballplatz sein. Nach dem letzten Sechs-Tage-Rennen hatte ich das Gefühl, meine Seele vom Groll ganzer Jahre befreit zu haben. So lautstark habe ich die Radrennfahrer angefeuert.
Mindestens so gut wie zu schreien ist es, herzhaft zu lachen. Aber wenn es doch nichts zu lachen gibt? Dann muß man es sich suchen. Mit ein bißchen Fantasie findet man immer etwas – und sei es im Kino um die Ecke. Auf diese Art hat ein englischer Arzt das hartnäckige Magengeschwür seines Patienten geheilt. Als Therapie verordnete er dem Patienten den Besuch des nahegelegenen Kinos. Dort lief gerade ein Film mit Amerikas Starkomiker Jack Lemmon, über den die Leute vor Lachen Tränen vergießen mußten. Und tatsächlich: Nach einigen Vorstellungen befand sich der Mann auf dem Wege der Besserung.
Ob Lachen oder Schreien – für unser unbewußtes Nervensystem ist beides heilender Balsam. Und auf alle Fälle ein besserer Ausweg als der Weg zum Kühlschrank.

Der englische Mediziner Thomas Sydenham sagte in diesem Zusammenhang schon vor 300 Jahren: »Die Ankunft eines guten Clowns übt einen segensreicheren Einfluß auf die Gesundheit einer ganzen Stadt aus, als 20 mit Medikamenten beladene Esel.« (New England Journal of Medicine, 1976). Sydenham (1624–1689) wurde oft der »englische Hippokrates« genannt. Wir verdanken ihm übrigens die Entdeckung der Wirkung der Chinarinde gegen Malaria.
Noch ein weiteres Beispiel zum Thema »Lachen und Medizin«, auf das mich Professor Ludwig Demling (Direktor der Medizinischen Klinik der Universität Erlangen) hingewiesen hat: Dabei geht es um den englischen Journalisten Norman Cousins, der die altbekannte Bedeutung des Lachens für sich neu entdeckt hat. Er schilderte seinen Fall 1976 im New England Journal of Medicine. Vor einigen Jahren wurde Cousins von einer schweren Krankheit befallen. Aller Wahrscheinlichkeit nach handelte es sich um eine sogenannte Kollagenose, eine Erkrankung des Bindegewebes. Starke Muskelschmerzen ließen jede Bewegung zur Qual werden, die Glieder waren schwer, die Knie weich, er konnte sich kaum noch bewegen. Überall waren Knoten unter der Haut tastbar. Man nimmt an, daß die Ursache derartiger Erkrankungen im Zusammenhang mit einer fehlgesteuerten Abwehr steht, die sogar das körpereigene Gewebe bekämpft. Cousins überlegte, wie es wohl zu der Krankheit gekommen sein konnte. Er erinnerte sich an die Veröffentlichungen von Selye über die Vorgänge beim Streß. Er hatte gelesen, wie Frustration oder unterdrückte Wut, zur Erschöpfung der Organe führen kann, die in solchen Situationen immer wieder bestimmte Hormone ausschütten müssen. Und er hatte auch gelesen, daß dabei zum Beispiel die Salzsäure im Magen zunimmt, daß es zu einer Veränderung wieder anderer Hormone kommt – und vieles mehr.
Vor Ausbruch seiner Krankheit war Cousins vollkommen

überfordert gewesen, absolut gestreßt. Lag hier nicht eine plausible Erklärung dafür, daß bei ihm einiges aus dem Gleichgewicht gekommen, daß er erschöpft war? Und nun fragte er sich, was wohl wäre, wenn man die negativen Emotionen, die das alles bedingen, durch positive ersetzen würde. Ist es möglich, daß Liebe, Hoffen, Glauben, Vertrauen, Lachen und der Wille zu leben, therapeutischen Wert haben?
Wenn negative Emotionen negative chemische Veränderungen in unserem Körper hervorrufen, können dann positive

Emotionen nicht vielleicht positive Veränderungen bewirken? Cousins machte die Probe aufs Exempel. Er setzte alle hochwirksamen Medikamente ab und bestellte sich statt dessen Filme aus der Reihe von Allen Funt: »Candid Camera«. Mit der »versteckten Kamera« gab es vor einigen Jahren bei uns eine ganz ähnliche Fernsehserie. Wer sie gesehen hat, wird sich vielleicht daran erinnern, daß man immer wieder über die Reaktionen verblüffter Zeitgenossen herzhaft lachen konnte. Darauf kam es an: Lachen und der unbedingte Wille, gesund zu werden. Zusätzlich nahm Cousins noch große Mengen Vitamin C ein – und es gelang ihm tatsächlich, die Krankheit »lachend« zu besiegen.
Bitte, verstehen Sie diese Geschichte nicht als Aufforderung,

nun alle verordneten Medikamente wegzuwerfen. Vielleicht wäre Mr. Cousins auch ohne jede Therapie wieder gesund geworden. Vielleicht hätten Scheinmedikamente dieselbe Wirkung gehabt. Wir wissen ja, daß die sogenannten »Placebos« sehr oft helfen, wenn man nur fest daran glaubt. Mit dieser Geschichte will ich nur zeigen, daß es durchaus plausible Erklärungen dafür gibt, warum Lachen so gesund ist. Es muß ja nicht immer lautstark gelacht werden. Mit einem kleinen Lächeln geht schon alles besser. So viele haben es fast

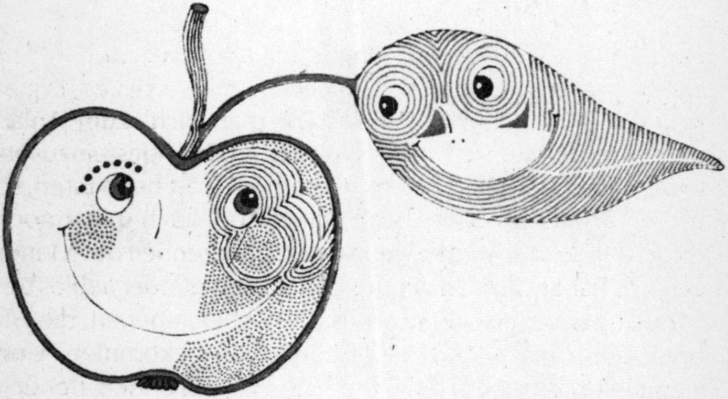

verlernt, sich zu freuen. Sie sind schon von vorneherein pessimistisch. Während sie sich auf diese Diät vorbereiten, denken sie vielleicht: »Was mag da wohl wieder auf mich zukommen – wenn ich das doch nur schon hinter mir hätte – da schwant mir nichts Gutes – wenn die drei Wochen Diät doch schon vorbei wären ...«

Warum machen wir es uns nicht leichter? Mit ein bißchen Zuversicht und gutem Mut könnten wir doch sagen: »Ich bin gespannt, was auf mich zukommt. Es wird sicher nicht ganz leicht, aber ich freue mich schon darauf. Meinem Leckermaul werde ich endlich einmal ein Schnippchen schlagen. Ich bin neugierig, wie die Tricks aussehen werden. Ich freue mich darauf, mit selbstsicherem Lächeln zu sagen: ›Nein danke, ich möchte nichts mehr essen, es hat gut geschmeckt, und jetzt habe ich genug.‹« Positive Stimmung, Lächeln, Lachen – Balsam für unser unbewußtes, das vegetative Nervensystem. Je ausgeglichener wir sind, um so weniger brauchen wir das Essen als Überbrückungshilfe.

Essen = Belohnung

Dennoch, es ist schwer, abzunehmen. Aber nicht nur, weil so viele zu viel essen, um ihren Ärger besser zu verdauen. Es gibt kaum eine Situation im Leben, die man nicht zum Anlaß nehmen könnte, sich etwas Wohlschmeckendes einzuverleiben. Sind wir traurig, dann suchen wir Trost beim Essen, so wie wir früher als Babys beim Stillen, aber auch später noch die gebende Wärme, die Liebe und Geborgenheit der Mutter gesucht haben. Fühlen wir uns vernachlässigt oder lieblos behandelt, dann versuchen wir, die Streicheleinheiten, die wir brauchen, über Mund und Gaumen zu bekommen. Und wenn wir uns freuen, dann brauchen wir jemanden, der sich mitfreut – und wenn es nur der eigene Magen ist.

Essen = jederzeit griffbereit

Mit anderen Worten: Wir reagieren häufig wie Kinder. Wenn wir von der ständigen Nascherei wegkommen wollen, müssen wir endlich »erwachsen« werden. Und wir müssen uns einen anderen Trost und andere Freuden suchen. Das Dumme ist nur, daß es kaum etwas gibt, was ebenso schnell griffbereit ist und genauso viel Freude macht. In Sekundenschnelle haben wir etwas in den Mund geschoben. Sich statt dessen mit dem geliebten Hobby zu befassen, würde zuviel Zeit kosten. Und Zeit ist ja Mangelware.

Aber ist das wirklich so? Ist wirklich jeder von uns so hoffnungslos eingespannt?

Ich glaube, ich kann von mir behaupten, daß ich mit Arbeit ziemlich ausgelastet bin. In letzter Zeit kamen zu meinen ärztlichen Aufgaben eine Reihe anderer Pflichten hinzu, die meine Konzentration noch einmal beanspruchten. Und siehe da, ich ertappte mich dabei, daß mein Weg auch wieder öfter in Richtung Kühlschrank führte. Die Waage registrierte das überdeutlich. Da ließ ich mir eine andere »Ablenkung« einfallen. Ich habe mir tatsächlich wieder ein Strickzeug besorgt. Wenn ich merke, daß die Konzentration nachläßt, dann stricke ich ein paar Reihen und entspanne mich dabei. Natürlich ist es nicht jedermanns Sache, zu stricken, aber es gibt ja genügend andere Möglichkeiten, sich abzulenken, wenn der Grund des Sich-Dick-Essens in einer übergroßen Anspannung liegt. Oder darin, daß man vielleicht die Aufgabe, die man gerade erfüllen soll, nicht ganz so gerne tut. Kinder haben da noch einen ganz natürlichen Schutzmechanismus. Sie schalten dann einfach ab. Das ärgert zwar oft die Lehrer in der Schule, weil die Kleinen unaufmerksam sind. Aber vielleicht ist es gar nicht mangelndes Interesse am Unterricht, sondern einfach die Tatsache, daß nichts mehr aufgenommen werden kann.

Was ich sagen will: Wir müssen uns wieder öfter erlauben, einfach abzuschalten.

Erwachsensein heißt ja nicht, daß wir wie Maschinen arbeiten müssen. Ist der Startknopf erst einmal gedrückt, dann muß es laufen, non-stop im gleichen Takt. Warum zwingen wir uns zu so unmenschlichem Verhalten? Natürlich, die Arbeit soll weitergehen. Aber geht sie nicht viel besser weiter, wenn wir uns zwischendurch wenigstens ein paar Minuten erholt haben?

Erlauben wir uns, so wie es die Kinder tun, auch bei Tag gelegentlich einmal zu träumen. Ganz kurz nur, aber intensiv.

Sich fallen lassen, sich entspannen, an etwas Schönes denken, zum Beispiel an das, was sein wird, wenn Sie abgenommen haben.
Sagen Sie zu sich selbst: »Ich werde durchhalten, ich werde es schaffen, abzunehmen. Im nächsten Urlaub brauche ich mich dann nicht mehr zu genieren, wenn ich über den Strand laufe, um ins Wasser zu gehen. Im Gegenteil – es wird mir richtig Spaß machen. Vielleicht passe ich dann schon in den Bikini oder den Badeanzug, den ich im letzten Jahr so gerne gehabt hätte und der mir natürlich zu klein war. Ich bekomme schon die Figur, die ich mir wünsche.«
Und dann wieder aufwachen. Sich recken und strecken. Mit neuem Schwung weitermachen. Wenn Sie zwischendurch auch mal ein bißchen gelüftet, Sauerstoff ins Zimmer gelassen haben, sich mal kurz die Beine vertreten, sich Bewegung verschafft haben, dann geht alles wieder viel leichter, und Sie müssen nicht unbedingt etwas essen. Wer Gelegenheit hat, das autogene Training zu erlernen, hat damit eine große Hilfe für seine Entspannungsübungen.

Essen = schwer zu bekämpfende Verlockung

Träume hin, Träume her – mancher wird jetzt einwenden, ob ich nicht doch etwas an der Realität vorbeigehe. Ob ich denn ganz vergessen habe, daß das Essen auch schmeckt. Es geht doch wohl nicht nur um die verschiedenen Ersatzfunktionen, die es in unserem Leben hat. Nein, das habe ich nicht vergessen. Und das ist wohl der schwierigste Punkt. Essen ist zweifellos ein Genuß, etwas, das man immer wieder herbeisehnt, eine schwer zu bekämpfende Verlockung. Aber ich habe ja ganz am Anfang schon gesagt: Essen darf man ruhig genießen. Essen soll man genießen, es soll Spaß machen. Man muß das nur ganz bewußt erleben. Genießen heißt ja nicht Völlerei, und Genießen heißt nicht, daß man unentwegt essen muß. Seien wir uns selbst gegenüber doch nicht so lieblos wie manche Eltern, die ihren Kindern, statt ihnen Zuwendung, Zeit und Liebe zu geben, lieber etwas Süßes in den Mund stopfen.

Essen = Gewohnheit – anerzogen, lange geübt und nicht geprüft

Und nun der letzte Punkt, die Antwort auf die Frage, warum es so schwer ist, abzunehmen.
Sehen wir einmal ab von den wenigen dicken Menschen, bei denen tatsächlich gesundheitliche Störungen vorliegen. Für alle anderen trifft die Erkenntnis zu: Wir werden nicht dick geboren, sondern dick erzogen. Wir übernehmen die Eßgewohnheiten von unseren Eltern und geben sie an unsere Kinder weiter. Die Töchter lernen auf dieselbe Art zu kochen wie ihre Mütter und bringen es genauso ihren eigenen Töchtern bei. So entwickelt sich eine Gewohnheit – anerzogen, lange geübt und nicht geprüft.
Prüfen Sie einmal, ob Sie sich nicht heute noch so ernähren, als würden Sie nicht am Schreibtisch sitzen, sondern als hätten Sie noch körperliche Schwerstarbeit zu leisten. Prüfen Sie einmal, ob Sie nicht immer noch das brave Kind sein wollen, das seinen Teller ganz leer ißt. Ob Sie nicht immer noch, auch wenn Sie gar keinen Hunger mehr haben, ein Löffelchen für Mama, ein Löffelchen für Papa usw. in sich hineinstopfen.
Wenn wir wirklich abnehmen wollen, dann müssen wir ganz ehrlich zu uns sein. Wir müssen uns fragen: Warum nasche ich so oft zwischendurch? Gibt es nichts anderes, worauf ich meine Sinne lenken kann, als das Essen und Trinken? Wo liegen meine wunden Punkte? Wovor habe ich Angst? Will mir wirklich jemand etwas wegnehmen? Kann ich mich nicht anders verteidigen als durch den Versuch, alles aufzuessen oder hinunterzuschlucken? Ist es wirklich nur Gedankenlosigkeit, Bequemlichkeit? Ist es die ständige Verlockung, weil

ich die guten Sachen dauernd griffbereit habe? Kann ich nicht schon einiges erreichen, indem ich zumindest die Keksdose, die Obstschale, den Getränkewagen aus meinem Blickfeld entferne? Indem ich die Sachen auch im Kühlschrank alle fein säuberlich verpacke oder so aufeinander stapele, daß es Mühe macht, sie zu erreichen, daß es lästig ist, anschließend alles wieder wegräumen zu müssen.
Entdecken Sie sich selbst! Das ist viel aufregender als die delikateste Trüffelpastete.

Zur Ermunterung: Twiggy muß man nicht mehr sein

Vor allem zwei Gründe halten viele Menschen davon ab, sich ernsthaft um eine Gewichtsabnahme zu bemühen. Einmal erscheint das Ziel utopisch: Der Unterschied zwischen dem eigenen tatsächlichen Gewicht und dem Gewicht, das man theoretisch nur haben sollte, ist so groß, daß sie kapitulieren, bevor sie den Kampf überhaupt begonnen haben. Zum anderen haben sie keine klare Vorstellung davon, wieviel man überhaupt wiegen darf, wenn man das Idealgewicht anstrebt.

Besonders von Patienten in der zweiten Lebenshälfte höre ich dann sehr oft, daß sie eigentlich mit ihrer Figur recht zufrieden seien. Denn sie wären doch schon einmal dicker gewesen. Allerdings, um der Wahrheit die Ehre zu geben, meine Patienten sagen sehr selten, »ich bin dicker gewesen«. Es heißt vielmehr: »Ich war kräftiger« oder »Ich war stärker«. Das klingt nicht nur besser, es schützt auch ein wenig die eigenen Gefühle. Denn wer gibt schon gerne seine Schwächen offen zu. Andererseits sind auch viele mit ihrer Figur zufrieden und sehen die Notwendigkeit, abzunehmen, nicht ein, weil sie noch einer überkommenen Auffassung anhängen, nämlich: daß Dicksein und Wohlstand sowie Wohlstand und Gesundheit zusammengehören. In früheren Jahrhunderten hat das sicher zugetroffen. Wer schwer körperlich arbeiten mußte, der war auch schlank. Und wer sich nicht genügend zu essen leisten konnte, der war oft auch krank. Die Verhältnisse sind heute – zumindest in unserem Lande –

anders geworden. Beleibtheit ist längst kein Zeichen mehr für Wohlstand und heißt auch nicht, daß man »wohlgenährt« ist. Wenn ich vom Wortinhalt ausgehe, dann müßte wohlgenährt doch wohl heißen, daß man gut ernährt ist. Aber gut ernährt kann man nur dann sein, wenn man sich gesund ernährt.

Ich will also versuchen, Ihnen eine klarere Zielvorstellung zu geben. Und ich möchte denjenigen, die bisher vor dem unerreichbaren Ziel kapituliert haben, Mut machen.

Meinungen zum Idealgewicht

Was ist es denn, das vielen so utopisch erscheint? Es ist das sogenannte Idealgewicht. Der Alptraum aller dicken Menschen. Man errechnet es aus der Körpergröße. Für Männer gilt: Zentimeter über einem Meter in Kilogramm minus 10 Prozent. Und für Frauen: Ebenfalls Zentimeter über einem Meter minus 15 Prozent. Das heißt also, wenn ein Mann 1,70 Meter groß ist, dann darf er 70 Kilogramm minus 10 Prozent, also 63 Kilogramm wiegen. Eine Frau dürfte bei gleicher Größe nur 59,5 Kilogramm wiegen.

An dieser strengen Rechnung erhitzen sich neuerdings die Gemüter. Aber es begehren durchaus nicht nur diejenigen auf, die im ständigen Kampf mit ihren Pfunden liegen. Auch innerhalb der Wissenschaft werden zunehmend Stimmen laut, die zumindest nach einer Überprüfung dieser strengen Regel rufen. Nationale und internationale Gremien arbeiten bereits an einer Bestandsaufnahme. Es gibt zwar noch keine allgemein akzeptierte neue Größe, die das Idealgewicht ganz ersetzen würde, aber es zeichnet sich doch schon eine bestimmte Richtung ab. Wohin führt der Weg? Und warum ist das lange gültige Idealgewicht überhaupt ins Wanken gekommen?

Dazu habe ich fünf Professoren und einen Fastenarzt befragt – alle Experten auf dem Gebiet der Ernährungswissenschaft:

Professor Dr. Heinrich Kasper von der Medizinischen Klinik der Universität Würzburg wies zunächst einmal darauf hin, daß die Idealgewichts-Tabelle von der amerikanischen Lebensversicherungsgesellschaft Metropolitan Life Insurance Company, die bisher als Maßstab galt, bereits Ende der Zwanziger bis Ende der Vierziger Jahre erstellt wurde.
Es ergibt sich also die Frage, ob die damaligen Ergebnisse auf die heutige Zeit übertragbar sind. Fraglich ist auch, ob die Erhebungen für uns Mitteleuropäer überhaupt zutreffen. Sie wurden ja in Nordamerika mit seinem bunten Völkergemisch, also einem ganz anderen Menschenschlag, angestellt. Daß die untersuchten Personen bei den Messungen Kleider und Schuhe anbehalten durften, trug schließlich auch nicht gerade zur Genauigkeit der Untersuchung bei.
Worauf kam es eigentlich an? Man wollte das Gewicht ermitteln, bei dem ein Mensch im Verhältnis zu seiner Körpergröße voraussichtlich die höchste Lebenserwartung hat. Man ging davon aus, daß niedriges Gewicht und hohe Lebenserwartung einander bedingen. 1959 wurde diese Auffassung von der Society of Actuaries (Build and Blood Pressure Study) noch nachdrücklich vertreten. Langlebigkeit und Magerkeit, wie es wörtlich übersetzt heißt, sollten in direktem Zusammenhang miteinander stehen. Das Gerontologische Forschungszentrum National Institute on Aging, Baltimore/USA, hat inzwischen über eine Reihe von Erhebungen berichtet, die zu anderen Ergebnissen kamen. Mit Ausnahme der Extreme bei Über- und Untergewicht ist es schwierig, einen direkten Zusammenhang zwischen Gewicht und Lebenserwartung nachzuweisen. Professor Kasper sagte dazu: »Wenn bei jemandem mit 20 Jahren ein Idealgewicht festgestellt wurde und er hochbetagt mit 80 Jahren stirbt, dann kann das Erreichen dieses hohen Lebensalters nicht in direkten Zusammenhang mit dem Idealgewicht gebracht werden, denn

mit 25 könnte derjenige ja bereits einmal übergewichtig gewesen sein.«
Selbstverständlich steht außer Zweifel, daß das Übergewicht einer der wichtigsten Risikofaktoren für eine ganze Reihe von Krankheiten ist, die ihrerseits lebensverkürzend wirken können. Ich denke an den Bluthochdruck, an die Erkrankung des Herzens und der Herzkranzgefäße mit der gefürchtetsten Komplikation, dem Herzinfarkt, an Stoffwechselstörungen wie Diabetes, Gicht, zu hohen Blutfettspiegel. All diese Krankheiten sind selbst weitere Risikofaktoren, vor allem für unsere Gefäße. Sie begünstigen die Entstehung einer Arteriosklerose und damit wiederum die Gefahr von Krankheiten, die ihrerseits wieder einen Einfluß auf die Veränderung der Gefäße im Sinne einer Arteriosklerose haben, und damit zusätzlich zum Herzinfarkt, Schlaganfall und zu Nierenschädigungen disponieren. Ich denke an die vielen Beschwerden aufgrund von Verschleißerscheinungen, die durch das Übergewicht verschlimmert werden, oder auch an Gallensteine, um nur einige unliebsame Zusammenhänge zwischen Übergewicht und Krankheiten aufzuzeigen. Man sagt sogar, daß ein Drittel der Bevölkerung an den Folgen von Erkrankungen stirbt, die in irgendeiner Form von der Ernährung beeinflußt werden.
Deshalb hieße es mich völlig falsch verstehen, wenn nun jemand annähme, daß ich der Eßsucht Tür und Tor öffnen und dem Übergewicht seinen Lauf lassen wollte. Wir wollen ja nicht nur alt werden, wir wollen gesund alt werden. Und das heißt, wir müssen auf unser Gewicht achten. Die Frage ist nur, ob der strenge Maßstab des Idealgewichts sein muß, zumal wenn keine Stoffwechselleiden vorliegen, oder ob man mit weniger strengen Größen auskommt.
Professor Kasper richtet sich nach der von Broca angegebenen Formel. (Broca war ein französischer Chirurg und Anthropologe.) Danach darf man soviel Kilogramm wiegen, wie man Zentimeter über einem Meter mißt. Oder anders ausgedrückt:

Körperlänge in Zentimetern – 100 = Körpergewicht in Kilogramm

Bei 1,70 Meter Größe dürfte man also 70 Kilogramm wiegen. Da Kasper aber auch das bei manchen noch für beinahe utopisch hält, richtet er sich nach einem individuellen Zielgewicht, das für jeden einzelnen nach seinen persönlichen Gegebenheiten zu bestimmen ist.

Professor Dr. Hans Franke, einer der angesehensten Altersforscher mit internationalem Ruf, Direktor der Medizinischen Poliklinik der Universität Würzburg, hat sich in seinen Forschungen eingehend mit den Personen befaßt, die 100 Jahre und älter geworden sind, die also nach der Definition der Weltgesundheitsorganisation im strengen Sinne das Kriterium der Langlebigkeit erfüllen. Deshalb war ich an seiner Antwort auf die Frage nach dem Zusammenhang zwischen Langlebigkeit und Körpergewicht so interessiert.
Auf den ersten Blick scheinen durch die Untersuchungen alle bestätigt zu werden, die sagen: Je schlanker, desto älter. Denn: Fast alle Über-100-Jährigen sind untergewichtig. Allerdings, ganz so einfach ist das nicht.
Sie unterschreiten nur die Broca-Norm, nicht aber das strenge Idealgewicht. Man kann sich bei alten Menschen ohnehin schlecht nach dem Idealgewicht richten. Wir wissen ja, daß wir mit dem Alter um mehrere Zentimeter kleiner werden (6–8 cm). Auch wenn man von Jugend an immer das gleiche Gewicht hielte, würde man später, wegen der geringeren Körpergröße, das Idealgewicht doch überschreiten. So war das auch bei den Über-100-Jährigen. Normalerweise werden wir im Durchschnitt mit zunehmendem Alter auch fülliger. Nicht aber die Über-100-Jährigen.
Für Professor Franke ist das aber kein Grund, als bewiesen anzusehen, daß man Langlebigkeit in einen direkten Zusammenhang mit einem geringen Körpergewicht bringen kann. Die Gruppe der Über-100-Jährigen ist nicht ohne weiteres mit dem sogenannten Normalbürger vergleichbar. Man

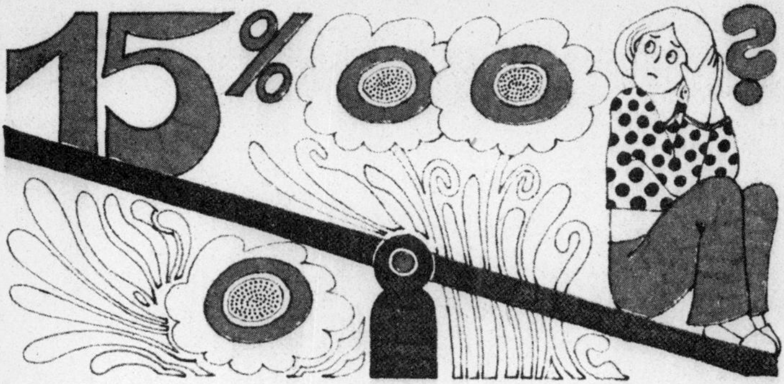

muß davon ausgehen, daß besondere Kriterien zum Erreichen des hohen Lebensalters geführt haben. Die Über-100-Jährigen stellen daher eigentlich eine Ausnahme dar, eine sogenannte positive Auswahl der Gesamtbevölkerung. Der Schluß: »Je dünner, desto gesünder zu hohem Alter« kann deshalb nicht ohne weiteres gezogen werden. Was die Mehrzahl von uns betrifft, so stimmt Professor Franke im wesentlichen der Auffassung zu, die besagt, daß das Idealgewicht doch wohl zu streng bemessen ist und wir uns eher nach dem Broca-Gewicht richten sollten.

Professor Dr. Günther Wolfram, Leiter des Instituts für Ernährungswissenschaft der Technischen Universität München, richtet sich auch nach dem Broca-Gewicht, aber ganz streng. Er besteht eisern darauf, daß jeder wenigstens dieses Gewicht erreichen soll. Wenn die obere Gewichtsgrenze nicht ganz exakt festgelegt ist, besteht die Gefahr, daß man es mit dem Gewicht nicht mehr so genau nimmt. Wenn eine Stoffwechselstörung da ist, etwa ein Diabetes oder ein zu hoher Blutfettspiegel, dann soll versucht werden, das Gewicht noch weiter zu senken, allerdings ist das nicht zwingend notwendig.
In bestimmten Fällen wendet Professor Wolfram noch eine

weitere Formel an. Dann nämlich, wenn es angezeigt ist, den Körperbau mit in die Rechnung einzubeziehen. Dann gilt für ihn die von Bornhardt angegebene Formel:

$$\frac{\text{Körperlänge in cm} \times \text{mittlerer Brustumfang in cm}}{240}$$

= Körpergewicht in Kilogramm

Professor Dr. Karl-Heinz Wagner, Direktor des Instituts für Ernährungswissenschaft II der Justus-Liebig-Universität Gießen, akzeptiert ebenfalls ein Körpergewicht, das nach Zentimetern über einem Meter in Kilogramm berechnet wird. Allerdings hält er einen Abzug von 5 Prozent bei Mann und Frau für wünschenswert.

Daß der strenge Maßstab des Idealgewichts ins Wanken gekommen ist, erklärt Professor Wagner so: Als in den Dreißiger Jahren die Richtlinien zum Idealgewicht aufgestellt wurden, herrschte eine andere Lebensweise. Wenn man vom Durchschnitt ausgeht, waren die Menschen früher schlanker, weil vorwiegend körperliche Arbeit erbracht werden mußte. Mit der Umstellung von der körperlichen auf die sitzende Tätigkeit, die im wesentlichen in den Sechziger Jahren spürbar wurde, erhöhte sich auch das durchschnittliche Körpergewicht. Ausnahmen gab und gibt es natürlich immer. Besser gesagt: Abweichungen. Und der Idealtyp einer Zeit entsprach und entspricht nicht immer den tatsächlichen Verhältnissen, sondern eher einer Mode. So hat Rubens seine Modelle auch nach seinem Geschmack und dem Zeitgeschmack ausgewählt. Im Durchschnitt aber waren die Leute damals sicher schlanker als heute.

Wir haben einen Rückgang der körperlichen Leistung um etwa 50 Prozent zu verzeichnen und dafür eine weit intensivere Belastung des Nervensystems eingetauscht. Nach Meinung von Professor Wagner muß dieser Entwicklung Rechnung getragen werden, und wir sollten deshalb ein etwas höheres Körpergewicht zugestehen als früher.

Professor Dr. Helmut Mehnert, Direktor des Schwabinger Krankenhauses in München, ist nicht bereit, von vornherein auf die strengen Richtlinien des Idealgewichts zu verzichten. »Selbstverständlich kann ich einen Menschen mit 100 Prozent Übergewicht nicht halbieren wollen«, sagt er. »Selbstverständlich muß man zunächst individuell erreichbare Ziele setzen. Dennoch: das Idealgewicht bleibt das wünschenswerte. Was ist mit den Idealgewichtigen, wenn sie hören, daß Broca wieder reicht? Sie futtern wieder, und das wäre doch eine Katastrophe.«
Mehnert wollte sich dahingehend verstanden wissen, daß man im Einzelfall zwar anders vorgehen kann, daß man aber nicht auf Maßstäbe verzichten sollte. Bisher habe noch niemand bewiesen, daß das Idealgewicht schädlich sei. Es sei denn, es hätte jemand so massiv gehungert und radikal abgenommen, daß er aufgrund falscher Ernährung in den Zustand einer Mangelernährung gekommen wäre. Es sollte möglichst nicht zu einer psychologisch unguten Verwässerung der Maßstäbe kommen. Im Einzelfall sei es zwar möglich, sich im Sinne eines Arzt-Patienten-Vertrages auf drei, vier oder auch mehr Kilogramm über dem Idealgewicht zu einigen, aber

damit befinde man sich eigentlich schon in einem negativen Trend, in Richtung eines Zuviels an Gewicht. Und es sei die Frage, wann dieser Trend gesundheitsschädliche Ausmaße erreiche. Deshalb sagt Professor Mehnert: »Wehret den Anfängen.« Für ihn ist das Gewicht nach Broca ein »Gewicht für Übergewichtige«.

Dr. Otto Buchinger. Wer sich einmal etwas eingehender mit dem Fasten beschäftigt hat, dem ist der Name Buchinger ein Begriff. Dr. Otto Buchinger sen. hatte sein Leben und seine Arbeit dem Ziel verschrieben, uns allen das Fasten als eine Möglichkeit zur körperlichen und seelischen Gesundung wiederzuentdecken. Sein Sohn, Dr. Otto Buchinger jun., setzt das Erbe seines Vaters nicht nur fort. Er bemüht sich, es zu vertiefen. Ich kann mir gut vorstellen, daß viele nun erwarten, daß ein Fastenarzt besonders strenge Maßstäbe anlegt und deshalb unbedingt das Idealgewicht fordert. Das ist aber nicht so.

Buchinger lehnt die ganze Rechnerei, wieviel man wiegen darf oder dürfte, ab. Ein »man« gibt es für ihn nicht. Wir sind alle Individuen. Deshalb soll sich jeder auch nur individuelle Ziele setzen. Aber auch hier kommt es Dr. Buchinger nicht auf eine konkrete Zahl an, sondern sehr viel mehr darauf, eine Motivation zu geben. Er will das Bewußtsein für die Notwendigkeit wecken, Gewicht zu verlieren oder aber keine überflüssigen Pfunde anzusetzen. Es genügt nicht, dem einzelnen einen Weg zu zeigen, sondern es muß auch dafür gesorgt sein, daß er auf diesem Weg vorankommt. Jeder Schritt vorwärts ist ein Erfolg, und jeder Erfolg ist die Motivation zum nächsten Schritt.

Wenn wir von vornherein ein ganz bestimmtes Ziel vorgeben, das unbedingt erreicht werden soll, ist man vielleicht schockiert, abgeschreckt und fängt gar nicht erst an. Ein solches Ziel baut sich wie ein schwarzer Berg vor einem auf. Man wird ihn doch nicht bezwingen können, und man resigniert. Solche psychologischen Barrieren will Buchinger

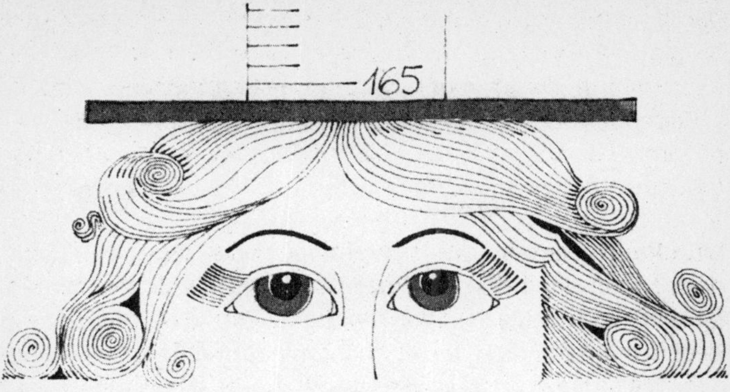

nicht aufkommen lassen. Ihm ist es wichtiger, den einzelnen in Marsch zu setzen, ihn zu motivieren, auf dem zwar mühevollen, aber lohnenden Pfad zu bleiben, als zum Gipfelsturm zu blasen.

Meine Meinung. Nun erwarten Sie sicher, daß ich ein Resumee ziehe. Das ist allerdings nicht einfach. Es gibt Gemeinsamkeiten, aber auch unterschiedliche Ansichten.
Mit Ausnahme von Professor Mehnert waren sich alle Befragten darüber einig: Die Frage, wieviel ein Mensch wiegen darf, um möglichst gesund alt zu werden, muß heute anders beantwortet werden als noch vor vierzig oder fünfzig Jahren. Die damals aufgestellten Forderungen für das Gewicht, das ein Mensch idealerweise nur haben sollte, das Idealgewicht also, sind heute nicht mehr aufrechtzuerhalten. Das Idealgewicht ist zwar noch nicht vollends gestürzt, aber es wankt doch erheblich. Professor Mehnert hält an diesem Idealgewicht fest, Dr. Buchinger verzichtet ganz auf die Angabe bestimmter Zahlen, und alle anderen Kollegen richten sich – mit geringen Abweichungen – nach dem Broca-Gewicht. Insofern träfe also die Überschrift zu, die ich diesem Kapitel gegeben habe: »Twiggy muß man nicht mehr sein«. Das Ziel ist leichter erreichbar geworden.

Nach welcher Größe man sich aber auch immer in Zukunft orientieren mag, in einem Punkt stimmen alle überein: Man muß individuell vorgehen. Für mich heißt individuell auch, daß ich das Lebensalter berücksichtige. Ab einem Alter von 60 Jahren würde ich für eine 1,70 Meter große Frau auch ein Gewicht von 70 Kilogramm akzeptieren. Ist sie aber erst 25 oder 30, dann wäre mir dieses Gewicht zuviel. Ich halte deshalb bei Frauen ein Gewicht für wünschenswert, das 10 Prozent (nicht wie bisher 15 Prozent) niedriger liegt als Körpergröße in Zentimetern – 100, in diesem Fall also 63 Kilogramm. Bei Männern plädiere ich entsprechend für einen Abzug von 5 Prozent (nicht wie nach der bisherigen Formel einen Abzug von 10 Prozent).

Das ist meine subjektive Meinung, die aus persönlichen Erfahrungen resultiert und sicher auch nicht unbeeinflußt ist vom Geschmack unserer Zeit.

Insgesamt bewege ich mich damit zwischen der sehr strengen Forderung von Mehnert und den weniger strengen Maßstäben meiner anderen Gesprächspartner. Daß ich mich ihnen nicht ganz anschließen kann, rührt wahrscheinlich auch daher, daß ich meine ärztliche Laufbahn bei Professor Mehnert begonnen habe. Er zählt zu den führenden Experten auf dem Gebiet der Stoffwechselerkrankungen, insbesondere des Diabetes, also der Zuckerkrankheit. Bei der Behandlung dieser Krankheiten stehen die Diät und die strenge Gewichtskontrolle ganz im Vordergrund. Teilweise reichen sie als alleinige Behandlungsmaßnahmen aus. Deshalb muß man hier strengere Maßstäbe anlegen. Bei Menschen mit völlig gesundem Stoffwechsel bin ich allerdings etwas großzügiger als Mehnert.

Und der sogenannte »schwere Knochenbau«, auf den sich viele so gern berufen? Er ist weitaus seltener, als man gemeinhin annimmt. Dennoch, man kann ihn in die Rechnung einbeziehen. Zum Beispiel mit der von Bornhardt angegebenen Formel (siehe S. 34), die den Brustumfang berücksichtigt.

Was die »guten« oder »schlechten« Futterverwerter angeht, so

ist das nach wie vor eine umstrittene Frage. Es könnte sein, daß diejenigen, die bei gleicher Kalorienzufuhr schlanker bleiben als die anderen, sich vielleicht mehr bewegen. Allerdings nicht nur im Sinne einer echten sportlichen Betätigung, sondern auch in der Art, wie sie sich den ganzen Tag über verhalten. Wie sie gestikulieren, wie sie reden, alles im Laufschritt machen oder stets sprungbereit sind. Es könnte sein, daß der Stoffwechsel bei schlanken Menschen wirklich auf höheren Touren läuft, ohne daß eine Schilddrüsenüberfunktion besteht, daß mehr Wärme als Energie nach außen abgegeben wird. Es könnte sein, daß ein bestimmtes Körpergewicht vielleicht sogar vorprogrammiert ist. Daß man sich deshalb immer wieder auf dieses Gewicht einpendelt.
Das alles kann uns aber nicht darüber hinwegtäuschen, daß es sich letztlich immer wieder um eine Frage der Nahrungszufuhr im Verhältnis zum wirklichen Bedarf handelt. Und schließlich nehmen wir doch alle ab, wenn wir weniger zuführen, als wir verbrauchen.

Ich meine also:

- Wenn wir unnötigen Ballast abwerfen, wenn wir anfangen wollen, neu zu leben, dann muß das Ziel erreichbar sein. Es darf sich nicht wie eine unüberwindlich scheinende Mauer vor uns aufbauen, die uns Angst macht.
- Wir brauchen aber doch gewisse Anhaltspunkte. Das kann zunächst das Ziel sein, eine Kleidergröße weniger tragen zu wollen.
- Dann heißt es, sich nicht zufrieden geben, weitermachen, sich ein neues Ziel setzen. Bis man schließlich nicht mehr Kilogramm auf die Waage bringt, als man Zentimeter über einem Meter mißt.
- Wer sich dann noch zu jung fühlt, um schon zu den älteren Herrschaften gerechnet zu werden, der nimmt noch einmal ab. Frauen weitere 10 Prozent, Männer weitere 5 Pro-

zent. Es sei denn, der Arzt hätte Ihnen für Ihre persönlichen Belange noch eine andere Richtlinie gegeben.

- Und wer nun noch gerne Mannequin sein möchte, oder mit der heutigen Mode gehen will, der kann natürlich das frühere Idealgewicht anstreben.

Auf den Seiten 41 und 42 finden Sie die Gewichtstabellen, in denen Sie das nach der herkömmlichen Formel errechnete Idealgewicht, das Broca-Gewicht und das von mir vorgeschlagene Kühnemann-Gewicht ablesen können.
Beim Kühnemann-Gewicht ergeben sich je nach Alter folgende Abweichungen (Tabellen S. 43 und 44):
Bis 40 Jahre sollte man es möglichst genau einhalten.
Zwischen 40 und 49 Jahren darf das Gewicht bei Frauen um 2,5% steigen, bei Männern um 1,5%:

Frauen: Körpergröße (cm – 100) – 7,5%
Männer: Körpergröße (cm – 100) – 3,5%

Zwischen 49 und 55 Jahren darf das Gewicht bei Frauen nochmals um 2,5% steigen, bei Männern um 1,5%.

Frauen: Körpergröße (cm – 100) – 5%
Männer: Körpergröße (cm – 100) – 2%

Zwischen 55 und 60 Jahren darf bei Frau und Mann folgendes Gewicht erreicht werden:

Körpergröße in cm – 100

Ab 60 Jahren entspricht das Kühnemann-Gewicht dem Broca-Gewicht.

Gewichtstabelle für Frauen

(ohne Kleider und Schuhe gewogen und gemessen)

Größe	Idealgewicht Körpergröße (cm – 100) – 15 %	Broca-Gewicht Körpergröße in cm – 100	Kühnemann-Gewicht Körpergröße (cm – 100) – 10 %
150	42,5	50	45
151	43,4	51	45,9
152	44,2	52	46,8
153	45,1	53	47,7
154	45,9	54	48,6
155	46,8	55	49,5
156	47,6	56	50,4
157	48,5	57	51,3
158	49,3	58	52,2
159	50,2	59	53,1
160	51,0	60	54
161	51,9	61	54,9
162	52,7	62	55,8
163	53,6	63	56,7
164	54,4	64	57,6
165	55,3	65	58,5
166	56,1	66	59,4
167	57,0	67	60,3
168	57,8	68	61,2
169	58,7	69	62,1
170	59,5	70	63
171	60,4	71	63,9
172	61,2	72	64,8
173	62,1	73	65,7
174	62,9	74	66,6
175	63,8	75	67,5
176	64,6	76	68,4
177	65,5	77	69,3
178	66,3	78	70,2
179	67,2	79	71,1
180	68,0	80	72

Gewichtstabelle für Männer

(ohne Kleider und Schuhe gewogen und gemessen)

Größe	Idealgewicht Körpergröße (cm – 100) – 10 %	Broca-Gewicht Körpergröße in cm – 100	Kühnemann-Gewicht Körpergröße (cm – 100) – 5 %
160	54	60	57
161	54,9	61	58
162	55,8	62	58,9
163	56,7	63	59,9
164	57,6	64	60,8
165	58,5	65	61,8
166	59,4	66	62,7
167	60,3	67	63,5
168	61,2	68	64,6
169	62,1	69	65,6
170	63	70	66,5
171	63,9	71	67,5
172	64,8	72	68,4
173	65,7	73	69,4
174	66,6	74	70,3
175	67,5	75	71,3
176	68,4	76	72,2
177	69,3	77	73,2
178	70,2	78	74,1
179	71,1	79	75,1
180	72	80	76
181	72,9	81	77
182	73,8	82	77,9
183	74,7	83	78,9
184	75,6	84	79,8
185	76,5	85	80,8
186	77,4	86	81,7
187	78,3	87	82,7
188	79,2	88	83,6
189	80,1	89	84,6
190	81	90	85,5
191	81,9	91	86,5
192	82,8	92	87,4
193	83,7	93	88,4
194	84,6	94	89,3
195	85,5	95	90,3

Gewichtstabelle für Frauen

Das Kühnemann-Gewicht modifiziert nach Alter
(ohne Kleider und Schuhe gewogen und gemessen)

Größe	Alter bis 40	40–49	49–55	55–60	ab 60
150	45	45 –46,2	46,2–47,5	47,5–50	50
151	45,9	45,9–47,2	47,2–48,5	48,5–51	51
152	46,8	46,8–48,1	48,1–49,4	49,4–52	52
153	47,7	47,7–49	49 –50,4	50,4–53	53
154	48,6	48,6–50	50 –51,3	51,3–54	54
155	49,5	49,5–50,9	50,9–52,3	52,3–55	55
156	50,4	50,4–51,8	51,8–53,2	53,2–56	56
157	51,3	51,3–52,8	52,8–54,2	54,2–57	57
158	52,2	52,2–53,7	53,7–55,1	55,1–58	58
159	53,1	53,1–54,6	54,6–56,1	56,1–59	59
160	54	54 –55,5	55,5–57	57 –60	60
161	54,9	54,9–56,5	56,5–58	58 –61	61
162	55,8	55,8–57,4	57,4–58,9	58,9–62	62
163	56,7	56,7–58,3	58,3–59,9	59,9–63	63
164	57,6	57,6–59,2	59,2–60,8	60,8–64	64
165	58,5	58,5–60,2	60,2–61,8	61,8–65	65
166	59,4	59,4–61,1	61,1–62,7	62,7–66	66
167	60,3	60,3–62	62 –63,5	63,5–67	67
168	61,2	61,2–62,9	62,9–64,6	64,6–68	68
169	62,1	62,1–63,9	63,9–65,6	65,6–69	69
170	63	63 –64,8	64,8–66,5	66,5–70	70
171	63,9	63,9–65,7	65,7–67,5	67,5–71	71
172	64,8	64,8–66,6	66,6–68,4	68,4–72	72
173	65,7	65,7–67,6	67,6–69,4	69,4–73	73
174	66,6	66,6–68,5	68,5–70,3	70,3–74	74
175	67,5	67,5–69,4	69,4–71,3	71,3–75	75
176	68,4	68,4–70,3	70,3–72,2	72,2–76	76
177	69,3	69,3–71,3	71,3–73,2	73,2–77	77
178	70,2	70,2–72,2	72,2–74,1	74,1–78	78
179	71,1	71,1–73,1	73,1–75,1	75,1–79	79
180	72	72 –74	74 –76	76 –80	80

Gewichtstabelle für Männer

Das Kühnemann-Gewicht modifiziert nach Alter
(ohne Kleider und Schuhe gewogen und gemessen)

	Alter				
Größe	bis 40	40–49	49–55	55–60	ab 60
160	57	57 –57,9	57,9–58,8	58,8–60	60
161	58	58 –58,9	58,9–59,8	59,8–61	61
162	58,9	58,9–59,9	59,9–60,8	60,8–62	62
163	59,9	59,9–60,8	60,8–61,8	61,8–63	63
164	60,8	60,8–61,8	61,8–62,8	62,8–64	64
165	61,8	61,8–62,7	62,7–63,7	63,7–65	65
166	62,7	62,7–63,7	63,7–64,7	64,7–66	66
167	63,5	63,5–64,7	64,7–65,7	65,7–67	67
168	64,6	64,6–65,7	65,7–66,7	66,7–68	68
169	65,6	65,6–66,6	66,6–67,7	67,7–69	69
170	66,5	66,5–67,6	67,6–68,6	68,6–70	70
171	67,5	67,5–68,6	68,6–69,6	69,6–71	71
172	68,4	68,4–69,5	69,5–70,6	70,6–72	72
173	69,4	69,4–70,5	70,5–71,6	71,6–73	73
174	70,3	70,3–71,5	71,5–72,6	72,6–74	74
175	71,3	71,3–72,4	72,4–73,5	73,5–75	75
176	72,2	72,2–73,4	73,4–74,5	74,5–76	76
177	73,2	73,2–74,4	74,4–75,5	75,5–77	77
178	74,1	74,1–75,3	75,3–76,5	76,5–78	78
179	75,1	75,1–76,3	76,3–77,5	77,5–79	79
180	76	76 –77,2	77,2–78,4	78,4–80	80
181	77	77 –78,2	78,2–79,4	79,4–81	81
182	77,9	77,9–79,2	79,2–80,4	80,4–82	82
183	78,9	78,9–80,1	80,1–81,4	81,4–83	83
184	79,8	79,8–81,1	81,1–82,4	82,4–84	84
185	80,8	80,8–82,1	82,1–83,3	83,3–85	85
186	81,7	81,7–83	83 –84,3	84,3–86	86
187	82,7	82,7–84	84 –85,3	85,3–87	87
188	83,6	83,6–85	85 –86,3	86,3–88	88
189	84,6	84,6–85,9	85,9–87,3	87,3–89	89
190	85,5	85,5–86,9	86,9–88,2	88,2–90	90
191	86,5	86,5–87,9	87,9–89,2	89,2–91	91
192	87,4	87,4–88,8	88,8–90,2	90,2–92	92
193	88,4	88,4–89,8	89,8–91,2	91,2–93	93
194	89,3	89,3–90,8	90,8–92,2	92,2–94	94
195	90,3	90,3–91,7	91,7–93,1	93,1–95	95

Detektiv auf eigenen Spuren

Ein Test, mit dem Sie Ihre
»Eß-Sünden« aufdecken können

Wir müssen also nicht mehr überschlank, sondern nur noch schlank sein. Bisher war auch das für viele schwer zu erreichen. Ich zeige Ihnen einen Weg zu diesem Ziel.
Dazu müssen sie zuerst einmal erkennen, was Sie alles so nebenbei essen, ohne es wirklich zu wollen oder bewußt zu registrieren. Kommen Sie sich sozusagen selbst auf die »Schliche«. Spielen Sie Detektiv in eigener Sache.
Machen Sie zu diesem Zweck ein Experiment:
Nehmen Sie ein großes Stück Papier und schreiben Sie einmal ganz genau auf, was Sie heute gegessen haben. Schreiben Sie alles untereinander, und versuchen Sie, sich ganz genau zu erinnern. Wenn der heutige Tag noch zu jung ist, dann können Sie auch versuchen, sich in allen Einzelheiten an gestern zu erinnern. Sie müssen nur so genau wie möglich sein.
Machen Sie bitte diesen Versuch gleich jetzt, bevor Sie weiterlesen.

Bitte, machen Sie Ihren Test!

Haben Sie alles aufgeschrieben? Dann gehen wir jetzt gemeinsam Ihre Notizen durch.
Haben Sie an die Milch im Kaffee gedacht? Ein Teelöffel Kondensmilch hat bereits 19 Kalorien. Und wahrscheinlich haben Sie zwei, drei oder auch mehr Teelöffel Milch verwendet.
Haben Sie Süßstoff genommen oder vielleicht doch Zucker? Ein Teelöffel Zucker hat schon 15 Kalorien.
Haben Sie Ihre Brötchen oder Ihr Brot wirklich trocken gegessen und den Belag einfach draufgelegt? Wie steht es mit

der Butter oder Margarine? Eine kleine Messerspitze hat 19,5 Kalorien, eine normale Messerspitze etwa 23,5 Kalorien. Wie ich uns kenne, verwenden wir im Durchschnitt bei einer Mahlzeit sicher drei bis vier Messerspitzen Streichfett, also zwischen 90 und 100 Kalorien.
Haben Sie an das Öl im Salat beim Mittagessen gedacht? Ein Teelöffel voll Pflanzenöl hat 27,6 Kalorien. Im Durchschnitt verwenden wir aber sicher vier Teelöffel, also etwa 110 Kalorien.
Haben Sie an das Bier gedacht, das Sie zum Essen getrunken haben? Oder an den Saft, oder an den Zucker im Kaugummi, der Sie zwischendurch erfrischen sollte? Vor kurzem antwortete mir einer meiner Patienten auf die Frage, wieviel Alkohol er denn täglich trinke: »Zwei bis drei Bier und ab und zu ein Glas Champagner, aber eigentlich trinke ich kaum oder ganz wenig Alkohol.« Ich ließ ihn das gleiche Experiment machen, das auch Sie gerade durchgeführt haben, und knüpfte noch eine weitere Aufgabe daran an. Ich bitte Sie, das auch zu tun. Es geht nun nicht mehr nur darum, einfach aus dem Gedächtnis aufzuschreiben, was man gegessen oder getrunken hat, sondern man muß möglichst gleich nach jeder Mahlzeit alles aufschreiben.
Nehmen Sie sich das morgen einmal vor. Nehmen Sie sich Ihren Zettel auch mit, wenn Sie ins Büro oder zur Arbeit gehen. Sie werden wirklich staunen, was Sie heute noch alles »übersehen« haben.
Bei meinem Patienten kam dabei folgendes zum Vorschein: Aus dem Gedächtnis hatte er beim ersten Mal aufgeschrieben, daß er nachmittags, abends und zwischendurch einmal eine Tasse Tee trinke. Als er beim zweiten Mal genau Protokoll geführt hatte, hieß es nicht mehr nur eine Tasse Tee, sondern jeweils eine Tasse Tee mit Rum. Auf diese Art und Weise kam mein Patient auf mindestens vier bis fünf Tassen Tee mit Rum pro Tag. Ein Schnapsglas Rum pro Tasse ergibt 5 × 75 Kalorien, also ganze 375 Kalorien, die vorher vollkommen »vergessen« worden waren.

Ich nehme zwar nicht an, daß jeder von Ihnen auf so deutliche Indizien für sein Übergewicht stößt. Aber wenn Sie mal all die Kleinigkeiten zusammenrechnen, an die Sie beim ersten Mal nicht gedacht haben und die Ihnen dann beim genaueren Aufschreiben aufgefallen sind, dann glaube ich, daß Sie doch auch etwas nachdenklich werden.
Ich bin sicher, daß Sie einiges finden werden, von dem Sie sagen: »Das muß eigentlich nicht sein. Darauf könnte ich doch ganz leicht verzichten.« Und ich bin sicher, daß Sie noch einmal mehr den Wunsch verspüren, etwas zu ändern.
Diese günstige Gelegenheit wollen wir nicht versäumen, und deshalb möchte ich Sie nun auffordern, wirklich einen

Schlußstrich zu ziehen. Meiner Erfahrung nach geht das um so besser, je deutlicher dieser Schlußstrich ist.
Wir wissen ja alle, wie schwer es ist, wenn wir, ohne uns von den eingefahrenen Gewohnheiten zu lösen, einmal schnell ein bis zwei Kilo abnehmen wollen. Das fällt ungemein schwer und kostet soviel Überwindung, weil man eigentlich gar nicht wirklich bereit dazu ist. Je besser man sich darauf einstellt, je mehr man sich darauf freut, neue Erfahrungen zu machen, um so leichter wird es gelingen. Deshalb beginne ich meine Diät mit einer kurzzeitigen, aber vollkommenen Umstellung, um Sie dann in einem dynamischen Wechsel zwischen sanfter Ausgewogenheit und strengeren Anforderungen zu dem Ziel zu führen, das Sie im Auge haben.
Und das heißt nicht nur Gewichtsabnahme, das heißt auch, Freude an einer neuen Art, sich zu ernähren und damit bessere Gesundheit.

Die Kühnemann-Diät

Wie sieht diese Diät aus und was unterscheidet sie von anderen Schlankheitsdiäten?

1. Sie gefährdet nicht die Gesundheit. Dennoch sollte man vorher den Arzt aufsuchen, vor allem dann, wenn man sich das Ziel gesteckt hat, deutlich abzunehmen.
2. Mit ihrer Hilfe können Sie je nach Übergewicht zwischen 10 und 20 Pfund abnehmen, und zwar in der vorgesehenen Zeit von drei Wochen.
3. Sie ist gleichzeitig eine Behandlungsmöglichkeit für zahlreiche Zivilisationskrankheiten.
4. Die Diät hat einen wellenförmigen Verlauf. Ein Fastenwochenende und ein Fastentag mit den dazugehörigen Umschalt- und Aufbautagen bilden die Wellentäler, dazwischen liegen die Regel-Diättage. Die Dynamik des wellenförmigen Verlaufs hat einen wichtigen Einfluß auf das Eßverhalten und das Sättigungsgefühl und ist für diese Diät typisch.
5. Die Diät ist einfach zuzubereiten und deshalb auch für eilige Leute geeignet. Wer nur abends Gelegenheit hat zu kochen, kann Mittag- und Abendessen einfach gegeneinander austauschen.
6. Die einzelnen Tagesprogramme sind nach ernährungsdynamischen Gesichtspunkten aufeinander abgestimmt. Man sollte sie deshalb während der Diät, wenn dies eben möglich ist, nicht gegeneinander austauschen.
7. Der Zeitplan der Mahlzeiten und ihre Zusammensetzung sorgen dafür, daß man satt wird, zumindest aber, daß kein Gefühl von Heißhunger aufkommt, obwohl man an den

Regeldiät-Tagen im Durchschnitt nur 1100 bis 1200 Kalorien bekommt.

8. Die Diät ist in der Zusammensetzung der Grundnährstoffe, Eiweiß, Fett und Kohlenhydrate, ausgewogen; Mangelerscheinungen sind deshalb ausgeschlossen.
9. Die Diät ist abwechslungsreich und nimmt nicht die Freude am Essen.
10. Die Diät berücksichtigt individuelle Wünsche, so daß es anschließend zu keinem übersteigerten Nachholbedürfnis kommt.
11. Man lernt während der Diät, sich gesund zu ernähren. Man lernt außerdem, seine Eßgewohnheiten sinnvoll zu ändern. Deshalb fällt man nach den drei Wochen nicht so schnell in die alten Fehler zurück.

Ein Wort zur Zusammensetzung der Diät

Eiweißkalorien sättigen besser als Kohlenhydratkalorien und schlagen weniger stark zu Buche. Um 100 Kalorien Eiweiß zu verarbeiten, verbraucht der Körper etwa 30–40 Kalorien. Es bleiben also nur 70 Kalorien, die wirklich aufgenommen werden.

Für die Verarbeitung von 100 Kalorien in Form von Kohlenhydraten brauchen wir nur 6 Kalorien. Wir nehmen also 94 Kalorien auf. Trotz allem schränken wir die Kohlenhydrate nicht allzu stark ein. Das würde zu Lasten der Ballaststoffe, der Vitamine und Mineralstoffe gehen, und das sollten wir ja unbedingt vermeiden. Außerdem ist auch Kohlenhydrat nicht gleich Kohlenhydrat. 100 Kalorien in Form von Vollkornbrot tragen zu einem länger anhaltenden Sättigungsgefühl bei als 100 Kalorien in Form von Weißbrot. Gerade bei den Kohlenhydraten sollten wir großen Wert darauf legen, möglichst viele naturbelassene Produkte zu verwenden.

Am besten sättigt Fett. Es bringt aber auch die meisten Kalorien mit und hat darüber hinaus noch weitere negative Aus-

wirkungen auf unsere Gesundheit. Deshalb habe ich hier am meisten gespart. Ausführlicher dazu: Seite 85 und im Kapitel über das Fett.
1 g Fett = 9,3 Kalorien, 1 g Eiweiß = 4,1 Kalorien, 1 g Kohlenhydrate = 4,1 Kalorien. Und der Körper braucht nur 4 Kalorien, um 100 Kalorien Fett zu verarbeiten.
Beim Fleisch hätte ich es mir natürlich leicht machen können, indem ich nur magere Steaks verwende. Aber die Diät soll nicht zu kostspielig sein, und um sich ein Steak zu machen, braucht ja auch niemand eine Anleitung. Deshalb habe ich keine Steaks in meinem Diätprogramm. Sie müssen aber nicht darauf verzichten. Bei meinen Rezepten können Sie die angegebene Fleischmenge jeweils durch ein Steak ersetzen.
Im übrigen habe ich meinen Ehrgeiz nicht auf lukullische Raffinessen gerichtet. Mir ist es wichtig, daß die Diät nicht allzuviel Mühe bei der Zubereitung macht, daß die Gerichte trotzdem schmecken, abwechslungsreich sind und auch das Auge erfreuen. Vor allen Dingen soll diese Diät *gesund* sein. Man soll abnehmen und sich wohl dabei fühlen.

Einen Schlußstrich ziehen – Wochenendfasten

Die Kühnemann-Diät beginnt mit einem kurzen Wochenendfasten. Es sollte ein Wochenende sein, an dem Sie sich wirklich einmal freimachen können. An dem Sie zu Hause bleiben, sich fallen lassen, einmal abschalten, sich nicht in das Wochenendgetümmel stürzen, die Ruhe genießen. Ehefrauen und Mütter werden jetzt sicher fragen: »Und wenn ich Familie habe? Wenn die Kinder ihr Essen brauchen? Kann ich dann von vornherein die Diät nicht mitmachen?«

Kann man zu Hause fasten?

Für diese Frauen und vielleicht auch manche Männer ist es natürlich schwerer, ein solches Vorhaben durchzuhalten. Es

stellt eine hohe Anforderung an ihre Willenskraft und ihr Durchhaltevermögen, aber machbar ist die Diät auch dann. Wir haben einige Jahre hintereinander in unserer »Fernseh-Fastenwoche« auch in dieser Hinsicht reiche Erfahrung sammeln können. Unser Programm enthielt damals fünf Tage, an denen vollkommen gefastet wurde, das heißt, es wurde nichts gegessen, und es wurden nur Säfte, Tees und Wasser getrunken. Wir hatten uns eingehend damit beschäftigt, wer fasten darf und wer nicht. Auch war immer wieder darauf hingewiesen worden, daß man im Zweifelsfalle vorher den Arzt aufsuchen sollte. Danach haben wir die Zuschauer aufgefordert, dieses Programm mitzumachen, und zwar ohne deshalb unbedingt Urlaub zu nehmen; der berufliche Alltag sollte weitergehen.
In vielen, vielen Briefen ist uns immer wieder bestätigt worden, wie gut man doch – natürlich nach anfänglicher Überwindung – diese Tage durchhält. Und ich erinnere mich besonders an die Zuschriften von Hausfrauen, die mit großer Genugtuung und Freude darüber berichteten, wie sehr sie von ihrer Familie bewundert worden waren. Eine Mutter aus Passau schrieb stolz: »Meine Kinder fragten immer wieder: Mutti, wie machst du das eigentlich, du ißt nichts und kochst doch so gut für uns. Wie hältst du das nur durch?« Auch der wichtigste Punkt wurde in den Zuschriften immer wieder aufgegriffen. Er heißt: genügend trinken. Eine Zuschauerin aus München schrieb dazu: »Ich hatte immer die eine Hand am Kochlöffel, die andere an der Wasserflasche.«
Das Trinken ist bei solchen Fastenkuren in der Tat das Allerwichtigste, es hilft uns über die meisten Schwierigkeiten und über den möglicherweise aufkommenden Appetit hinweg.

Gemeinsam geht es leichter

Aber kommen wir zurück zur Diät. Ich schlage Ihnen gar keine so lange Fastenzeit wie bei unserer »Fernseh-Fastenwoche« vor; diese ist nicht einmal halb so lang. Aber es wäre

natürlich schön, wenn Sie meine Diät nicht allein machen müßten, sondern Ihre Familie dazu gewinnen könnten, mitzumachen. Gemeinsam sind die drei Wochen der gesamten Diät und vor allen Dingen auch das Wochenendfasten viel besser durchzustehen. Wenn Sie keine Familie haben, machen vielleicht Berufskollegen, macht vielleicht ein Freund oder eine Freundin mit. Gemeinsam kann man sich viel leichter über kleine Tiefs hinweghelfen. Oft passiert es auch, daß nur der eine ein Tief hat, während es dem anderen gut geht. Es geht natürlich auch ohne Diätpartner. Das Wichtigste ist die richtige innere Einstellung. Und wer es gewohnt ist, sich allein durchs Leben zu boxen, der wird auch vor dieser Diät ganz bestimmt nicht kapitulieren. Außerdem kann ich Ihnen versprechen, daß ich sehr viel darüber nachgedacht habe, wie ich Ihnen die folgenden Diät-Tage so einfach wie möglich machen kann. Und schließlich verlange ich nichts von Ihnen, was ich nicht selbst probiert habe.
Ich habe die gesamte Diät von A bis Z durchgemacht, und es ging mir wunderbar. Ich habe in dieser Zeit sehr viel gearbeitet und fühlte mich noch frischer als sonst, obwohl ich vieles aus meiner Diät eigentlich immer beherzige. Aber nun ganz konkret zum Einstieg:

Der »Umschalttag« – Obsttag

Wir beginnen am Freitag mit einem Obsttag. An diesem Tag können Sie sich wahrscheinlich noch nicht freinehmen. Das muß auch nicht sein, denn Sie dürfen sich ja noch sattessen. Worauf es hier ankommt, ist: Sie sollen den Weg finden, der auf Sie wartet. Sie sollen sich das Tor zu diesem Weg aufschließen. Ich bezeichne diesen Tag gern als »Umschalt-Tag«. Sie schalten vom Eingefahrenen auf das Neue um. Sie stellen sich körperlich und seelisch darauf ein, eine neue Erfahrung zu machen.
Sie sollten nicht gerade im Obst schwelgen, Sie müssen sich aber auch durchaus nicht kasteien. Drei Pfund Obst und auch

mehr sind erlaubt. Bitte, beachten Sie genau die Ratschläge, die ich dazu noch im Rezeptteil gebe. Sie betreffen einen wichtigen Punkt: den regelmäßigen Stuhlgang.

Ich möchte während des kurzzeitigen Fastens darauf verzichten, Ihnen hochwirksame Abführmittel zu empfehlen. Das ist sonst beim Fasten aus guten Gründen – zumindest zur Einleitung – üblich. Ich weiß natürlich, wie wichtig eine gründliche Darmentleerung ist. Ich weiß aber auch, daß der Abführmittel-Mißbrauch beträchtlichen Schaden anrichtet. Ich möchte in keiner Weise dazu beitragen, diesen Mißbrauch zu unterstützen. Der Ausweg: Ich habe sowohl für die zwei Tage des Wochenendfastens, als auch für die gesamte Diät natürliche Mittel eingesetzt, die Ihren Darm regulieren. Dazu gehören Kleie und Leinsamen, Meeresalgen-Gel, Säfte und viel Flüssigkeit auf nüchternen Magen. Auf die große Bedeutung einer gesunden Darmfunktion werde ich noch kommen.

Das Obst selbst liefert viele unverdauliche Ballaststoffe, vor allem pflanzliche Zellulose. Diese Stoffe füllen den Darm und bewirken einen Dehnungsreiz, Voraussetzung für einen guten Stuhlgang am nächsten Tag.

Statt Obst kann man auch Rohkost anderer Zusammensetzung verwenden. Also etwa Karotten, Gemüse, Salate usw. (Eine Anregung dazu finden Sie im Rezeptteil für Freitag 3. Woche.) Im übrigen sollen Sie sich beim Einstieg nicht mit Wiegen, Rechnen und umfangreichen Einkäufen aufhalten.

Noch ein Wort zum Obst. Es gibt Menschen, die Obstsäuren schlecht vertragen. Ihnen wird es ebenfalls helfen, daß ich zum großen Teil das Obst in Form von Obstsalat vorgesehen habe. Vorteil: wir können Leinsamen und Kleie hinzufügen. Beides saugt einen Teil der Säure auf, das Obst wird verträglicher. Vor allem aber: die Darmtätigkeit wird angeregt. Deshalb auf Kleie und Leinsamen nicht verzichten!

Besonders Magenempfindliche können auch einen Umschalttag mit Reis als Grundlage machen. Dann aber ungeschälten Reis verwenden und ebenfalls für die nötigen

Ballaststoffe sorgen. Kleie und Leinsamen lassen sich zum Beispiel gut in eine Reisschleimsuppe mischen. Vorteilhaft für die Verdauung ist es auch, wenn Sie Reis und Obst gemischt essen. Oder wenn Sie Reisschleim vor dem Obstsalat trinken.

Und noch ein Tip: Sie können sich schon am Umschalttag die wohltuend abführende Wirkung von Agar-Agar, dem Meeresalgen-Gel, zunutze machen. Bereiten Sie sich daraus ein Obstgelee (siehe Rezept für die Nachspeisen Sonntag 2. Woche, und Mittwoch 3. Woche).

Diese letzten Vorschläge gelten für den Ausnahmefall. Im allgemeinen empfehle ich, daß Sie den Obsttag so machen, wie er in meinem Programm steht.

Und noch etwas: Ich habe es bei übergewichtigen Patienten gar nicht selten erlebt, daß jemand sagt: »Ich esse sehr viel Obst und werde dabei immer dicker. Wie kommt das nur?« Bei genauerem Nachfragen stellte sich dann heraus, daß der Betreffende ein Liebhaber von Kompott und vor allem von zuckersüßem Dosenobst war. Kein Wunder, daß man dabei zunimmt. Verwenden Sie deshalb bitte während der Diät nur frisches Obst, wenn nicht ausdrücklich etwas anderes angegeben ist.

Die beiden Fastentage

Nach dem Obsttag (Freitag) folgt am Samstag und Sonntag, den beiden Tagen, an denen Sie hoffentlich frei von beruflichen Pflichten sind, das Fasten. Es ist nicht zu verwechseln mit einer Null-Diät. Sie bekommen ja etwa 350 Kalorien durch die Säfte, die Gemüsebrühe, die Eiklar-Cocktails und den Honig. Ich möchte gleich zu Anfang noch einmal betonen, daß das A und O »viel Trinken« heißt. Dabei können Sie ganz nach Geschmack abwechseln zwischen Kräutertees und Mineralwasser. Es kann auch Mineralwasser mit Kohlensäure sein, wenn Ihnen das besser schmeckt und Sie es gut vertragen. Alle diese Getränke müssen aber kalorienfrei sein. Wichtig ist auch: Sie dürfen Obst- und Gemüsesäfte nicht über die angegebenen Mengen hinaus trinken.

Ein Wort zum Alkohol

Alkohol ist während der Obst- und Fastentage nicht erlaubt. Während der übrigen Diät-Tage sollten Sie ebenfalls auf Alkohol möglichst verzichten. Allerdings: eine kleine Möglichkeit, sich ab und zu einmal ein Gläschen zu erlauben, haben Sie dort, wo ich Ihnen die 100 Kalorien zur freien Wahl gelassen habe.
Wir wissen, daß der Alkohol in den Zivilisationen, wo er aufgrund traditioneller Gepflogenheit gesellschaftsfähig ist, eine traurige Vorrangstellung als Suchtmittel Nr. 1 hat. Unter dem Deckmantel überlieferter Sitten und Gebräuche kann nur allzu leicht ein süchtiges Verhalten in Abhängigkeit ausarten. Dann aber läßt die Gesellschaft den Betroffenen wie einen Aussätzigen fallen.
Ich bin kein Antialkoholiker und auch kein fanatischer Abstinenzler. Ein guter Schluck zum besonderen Anlaß ist sicher etwas Feines. Ich meine aber, wir sollten den Alkohol mit Vorsicht genießen. Wir sollten aus einem Genußmittel nicht ein alltägliches Nahrungsmittel machen, das gedankenlos konsumiert wird. Das gilt besonders für alle, die mit der Erziehung Jugendlicher betraut sind. Das gilt aber auch für alle anderen Erwachsenen, in denen Kinder und Jugendliche Vorbilder sehen, im Positiven wie im Negativen. Am meisten lernen Kinder durch Nachahmung.

Hier ein kleiner Tip für alle, die zwar gern mal ein Schlückchen mittrinken, sich am nächsten Morgen auf der Waage über die unnötige Gewichtszunahme aber doch ärgern (1 g Alkohol = 7,1 Kalorien). Lassen Sie sich immer ein zweites Glas mit Wasser geben. Bei guten Freunden brauche ich gar nichts mehr zu sagen, sie stellen mir meine beiden Gläser schon automatisch hin. Wenn ich das Glas mehr mechanisch zum Mund führe, nehme ich das Wasser. Auf diese Weise schließe ich mich nicht aus, bestimme aber selbst, wieviel Alkohol ich trinken möchte und trinke vor allem keinen Alkohol gegen den Durst.

Warum Quellstoffe und Sauerkrautsaft?

Lassen Sie sich viel Zeit an den beiden Fastentagen. Schon beim Aufstehen. Räkeln Sie sich kräftig, bleiben Sie dann noch ein bißchen am Bettrand sitzen. Noch einmal recken und strecken, und dann erst aufstehen. Ihre erste »Amtshandlung« besteht darin, für die Füllung des Darms zu sorgen. Über den dadurch erfolgenden Dehnungsreiz wird die Darmtätigkeit in Gang gesetzt. Der Dehnungsreiz regt die Darmwand an, den Darminhalt durch Wellenbewegungen weiterzubefördern. So kommt es auf natürliche und schonende Weise zur Darmentleerung, und wir können in den meisten Fällen auf Abführmittel verzichten.
Dazu genügt es häufig, sofort nach dem Aufstehen ein großes Glas, am besten einen halben Liter, Wasser zu trinken. Die Temperatur, ob kalt oder warm, können Sie selbst nach Ihrer individuellen Empfindlichkeit bestimmen.
Die Darmentleerung wird darüber hinaus noch unterstützt, wenn dem Wasser ein Quellstoff zugesetzt wird. Zum Beispiel Samenschalenpulver (Metamucil), Meeresalgen-Gel (Agar-Agar) oder Flohsamen. Metamucil wird einfach in das kalte Wasser eingerührt und zügig getrunken. Es ist geschmacklich gut verträglich.
Agar-Agar, eine rein pflanzliche Substanz mit vielen Mineral-

stoffen und ohne Kalorien, ist ursprünglich als Geliermittel bekannt. Es nimmt 50mal mehr Flüssigkeit auf als Gelatine und ist deshalb als Quellstoff zur Anregung der Darmtätigkeit besonders gut geeignet. Zur Zubereitung von Agar-Agar sind zwei Schritte erforderlich: Erstens: Ein gestrichener Teelöffel voll wird mit etwas kaltem Wasser angerührt. Zweitens: Sofort anschließend mit einem halben Liter heißem Wasser aufgießen und so heiß wie möglich zügig trinken.
Ist das Wasser nicht heiß genug, wird die Flüssigkeit schon geleeartig und klumpt, bevor sie in den Magen und Darm kommt. Wem es widerstrebt, die trübe Flüssigkeit zu trinken, sollte ein anderes Quellmittel benutzen, oder das Wasser ohne Zusätze trinken.
Machen Sie nach der ersten großen Flüssigkeitsaufnahme eine Pause und trinken Sie dann noch einmal soviel Wasser wie möglich nach, mindestens ¼ bis ½ Liter.
Wenn danach das erste Völlegefühl abgeklungen ist, trinken Sie das große Glas Sauerkrautsaft hinterher. Der Sauerkrautsaft hat ebenfalls eine anregende Wirkung auf den Darm. Er liefert zusätzlich Volumen, das heißt Flüssigkeit, die sich mit den Quellstoffen verbinden kann.

Gleichzeitig eine Saftkur

Die Gemüsesäfte behalten wir während der gesamten Diät bei. Damit kommen Sie gleichzeitig in den Genuß einer Saftkur mit ihren vielfältigen wohltuenden Wirkungen auf den ganzen Körper. Verantwortlich dafür sind der Vitamin- und Mineralstoffreichtum der Säfte, die schon erwähnte Wirkung auf den Darm, aber auch eine Anregung des Harnflusses. Darüber hinaus werden einzelnen Säften besondere Wirkungen zugeschrieben: eine gewisse Blutreinigung, der Einfluß auf rheumatische Beschwerden oder auch eine Erfrischung und Belebung der Haut und des ganzen Körpers. Was immer auch daran sein mag, belebt und erfrischt fühlt man sich tatsächlich. Auch an der Haut ist der Erfolg abzulesen: Sie sieht gereinigt, gestrafft oder beinahe verjüngt aus. Das ist allerdings nicht zu erreichen, wenn man nur ab und zu einmal ein Glas Saft trinkt. Solche Wirkungen sind nur zu erzielen, wenn man sich kurmäßig, das heißt konsequent über längere Zeit die Geheimnisse der Natur zunutze macht. In den drei Wochen der Diät haben Sie die beste Gelegenheit dazu.

Der Körper schaltet auf Ausscheidung

Es ist wichtig, daß Sie das Wasser und den Saft auf nüchternen Magen trinken und daß dann bis zum Frühstück etwa eine halbe Stunde vergeht. Das dürfte nicht schwierig sein, denn Sie beschäftigen sich nun ja ohnehin mit Ihrer Morgentoilette. Lassen Sie sich dabei wirklich einmal Zeit. Eine gründliche Mund- und Zahnpflege ist während des Fastens noch wichtiger als sonst. Der Körper stellt sich darauf um, von innen heraus zu leben, auszuscheiden, Ballast abzuwerfen. Das macht sich auch dadurch bemerkbar, daß man während der beiden Fastentage häufig einen stärkeren Körpergeruch hat als sonst. Auch Mundgeruch läßt sich nicht ganz vermeiden. Deshalb also auf die Körperpflege achten und gründlich die Zähne putzen. Während des Tages immer mal wieder den Mund ausspülen. Und immer wieder: trinken! Das fördert nicht nur die Entschlackung, es hilft auch gegen den besonders im Umgang mit anderen Menschen unangenehmen Mundgeruch.

Warum Trockenbürsten?

Besonders empfehlen möchte ich Ihnen Hautbürstungen. Beginnen Sie damit an den Fingerspitzen, und bürsten Sie mit langen, kräftigen Strichen in Richtung Herz. Nicht zu schnell, denn Sie sollen mithelfen, das Blut zum Herzen zurückzubefördern. Sie dürfen es dabei in seiner Fließ-Geschwindigkeit nicht überholen. Also langsam zählen: 21, 22, 23 ... während Sie mit der Bürste über den Arm wandern. Das gleiche dann

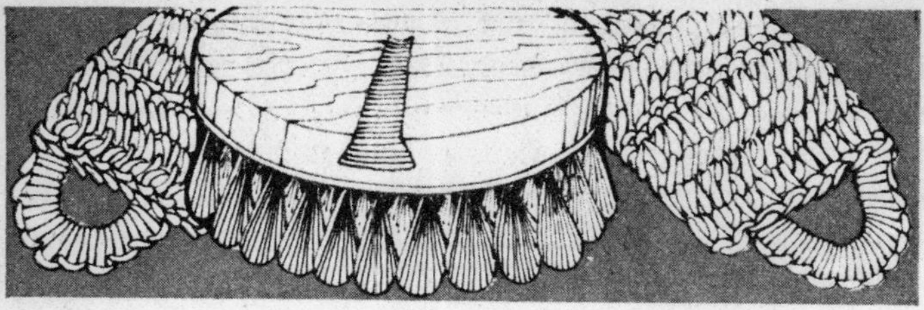

an den Beinen. Stellen Sie den Fuß auf den Badewannenrand oder setzen Sie sich dazu hin. Es könnte Ihnen sonst schwindelig werden, wenn Sie den Kopf zu tief halten. Vergessen Sie an den Beinen nicht die Innenseite, Rückseite, und auch nicht die Kniekehlen. Auf der Brust machen sie mit der Bürste mehr kreisförmige Bewegungen, und seien Sie am Bauch bitte vorsichtig. Weniger fest drücken als auf den anderen Körperteilen. Streichen, ja streicheln Sie in Richtung Nabel und um den Nabel herum. Für den Rücken empfehlen sich Bürsten mit Stiel oder Massagebänder mit rauher Innenseite.
Das Trockenbürsten bringt für Sie mehrere Pluspunkte: Es beeinflußt die Blutzirkulation. Sie sorgt dafür, daß Ihre Haut gründlich durchblutet, daß sie tief und gründlich gereinigt wird, und Sie müssen sich dabei zwangsläufig wenigstens ein bißchen bewegen. Außerdem wird über die sensiblen Nervenendungen in der Haut das vegetative Nervensystem beeinflußt. Das ist einer der Gründe, warum man sich nach solchen Anwendungen so wohlig entspannt fühlt.

Die Haut wird schöner

Zum Abschluß nicht vergessen, den ganzen Körper gut einzucremen. Während des Fastens scheiden Sie sehr viel Flüssigkeit aus. Die Haut wird trockener und spröde, obwohl Sie immer wieder große Mengen nachtrinken. Die Erklärung dafür: Sie bekommen nur ganz wenig Salz, das die Flüssigkeit

normalerweise im Körper hält. Halten Sie also Ihre Haut geschmeidig. Wer unter unreiner Haut leidet, besonders wenn sie fett ist und immer wieder Aknepickel bekommt, wird durch das Fasten eine Besserung erreichen.
Bürsten, Massageband oder Waschlappen – falls Sie welche verwenden – müssen immer trocken sein. Sorgen Sie also dafür, daß diese Utensilien schnell und gut trocknen können, zum Beispiel an der Heizung oder im Sommer an der frischen Luft. Feucht sind sie ein idealer Nährboden für Bakterien.
Ziehen Sie sich etwas wärmer an als sonst. Man friert während des Fastens leichter.

Vertrautes beibehalten

Machen Sie sich nun Ihr Frühstück, und setzen Sie sich gemütlich dazu hin. Vielleicht runzeln Sie jetzt die Stirn und sagen: »Was soll das für ein Frühstück sein – eine Tasse oder zwei Tassen Tee mit Honig!« Aber hier gilt es, eines zu beachten, was auch sonst wichtig ist: Je mehr man sich bei den Mahlzeiten an Bekanntes hält, an gewohnte Zeiten, an ein vertrautes Ritual, um so weniger fühlt man sich in eine Ausnahmesituation versetzt. Allzuviel Fremdes auf einmal macht Angst, Angst vor dem Unbekannten.
Natürlich möchte ich, daß Sie Neues erfahren und daß Sie sich auf Neues einstellen. Es sollte aber nicht alles anders sein. Wir müssen soviel von dem Vertrauten beibehalten, daß wir uns ruhig und geborgen fühlen. Das gilt ebenso wie für das Frühstück auch für das Mittag- und Abendessen. Die Suppe zum Beispiel soll nicht getrunken, sondern aus dem Teller gelöffelt werden. Man hat dabei das Gefühl, wirklich eine Mahlzeit zu sich zu nehmen, und nicht auf alles verzichten zu müssen.
Bleiben wir noch ein wenig beim Tee. Die meisten Fasten-Ärzte verwenden nur Kräutertees. Wir haben das am Anfang auch in unserer »Fernseh-Fastenwoche« so gehandhabt. Dr. K.-H. Caspers, fastenerfahrener Arzt für Naturheilverfahren,

war es, der mich zum ersten Mal zum schwarzen Tee ermutigte. Die Begründung: Es sei sehr günstig, während des Fastens gleich morgens den Kreislauf anzuregen. Gerade wenn man mit dem Blutdruck nicht sehr stabil ist, trägt der schwarze Tee dazu bei, daß man besser in Schwung kommt. Ich habe die Probe aufs Exempel gemacht – mit Erfolg. Seither empfehle ich den schwarzen Tee ebenfalls.

Vorher zum Arzt?

Menschen, die kreislauflabil sind, dürfen sich aber nicht nur auf den schwarzen Tee verlassen. Bevor sie mit der Diät beginnen, sollten sie den Rat eines Arztes einholen. Er wird entscheiden, ob im Einzelfall ein Medikament notwendig ist, das den Blutdruck stabilisiert. Für Menschen mit hohem Blutdruck kann das Fasten sogar eine Art Therapie sein mit blutdrucksenkendem Effekt. Dennoch sollten auch diese Patienten auf alle Fälle den Arzt befragen. Gerade wenn sie hochwirksame Medikamente einnehmen müssen, die den Blutdruck senken, kann die Wirkung in der Zeit des Fastens zu stark sein. Es müssen dann besondere Maßnahmen ergriffen werden, zum Beispiel eine Herabsetzung der Dosis. Manchmal erübrigen sich Medikamente auch ganz.
Auch allen anderen, die regelmäßig Medikamente einnehmen müssen, rate ich, die Diät im Zusammenwirken mit dem Arzt durchzuführen. Er weiß, wo vielleicht gewisse Änderungen vorgenommen werden sollten. Bei bestimmten Nierenerkrankungen zum Beispiel kann es Probleme mit der notwendigen großen Flüssigkeitszufuhr geben. Menschen, die eine Gicht haben, sollten sich informieren, ob sie vielleicht vorübergehend mehr Medikamente brauchen oder was sonst zu beachten ist. Für Diabetiker gelten ohnehin gesonderte Diätvorschriften je nach Absprache mit ihrem Arzt. Menschen mit einem sogenannten schwachen Herzen, die zum Beispiel Digitalispräparate einnehmen, um die Herzkraft zu stärken, müssen natürlich genauso den behandelnden

Arzt fragen, wie alle, die unter chronischen Krankheiten leiden. Es gibt noch eine Reihe weiterer Krankheiten, bei denen im allgemeinen Vorbehalte gegenüber einem längerfristigen Fasten bestehen.
Diese Vorbehalte treffen auf die beiden Fastentage am Anfang der Diät nicht zu. Es handelt sich dabei ja nicht um eine reine Null-Diät, denn es werden etwa 350 Kalorien zugeführt. Man hat herausgefunden, daß damit schon ein Großteil der möglichen Komplikationen, zumindest in der ersten Zeit, nicht mehr auftritt. Außerdem dauert das Fasten nicht länger als 48 Stunden. So lange essen wir häufig nichts, wenn wir mal krank sind. Kinder machen das noch ganz instinktiv, wenn sie Fieber bekommen oder wenn sie eine Darmverstimmung haben.
Die sogenannte Teepause ist im übrigen ein altbewährtes Mittel in der Medizin, mit der man den Darm vorübergehend ruhig stellt. Man führt eine Zeitlang, einen Tag oder auch nur einen halben Tag, keine feste Nahrung zu, sondern nur Tee in ausreichender Menge. Wird Zwieback dazugegeben, muß er gründlich gekaut und gut eingespeichelt werden.
Nach meiner Erfahrung kann jeder, der nicht ständig in ärztlicher Behandlung sein muß oder einen gesundheitlichen Schwachpunkt hat, der für ihn zum Problem werden kann, das kurzfristige Wochenendfasten und die gesamte Diät mit Gewinn durchführen.
Ein böses Wort sagt, daß es kaum noch gesunde Menschen gibt. Wenn man nur gründlich genug untersuchen würde, fände man bei fast jedem etwas. Darin ist leider ein wahrer Kern; dennoch möchte ich mich nicht in die Reihe der Schwarzmaler stellen und nun alle, die sich noch gesund fühlen, auch zu Kranken stempeln.
Sicherheitshalber muß ich Ihnen natürlich raten, den Arzt aufzusuchen, bevor Sie mit der Ernährungsumstellung beginnen. Es ist mir aber ein Anliegen, dem Trend entgegenzutreten, daß man seinen eigenen Körper nur noch mit Gebrauchsanweisung benutzen kann. Ich möchte, daß Sie in die

Lage versetzt werden, wieder mehr Eigenverantwortung übernehmen zu können. Das ist aber nur möglich, wenn Sie mehr Wissen über die Vorgänge in Ihrem Körper haben. Bei Frauen kann während der Diät der Monatszyklus unregelmäßig sein. Diese vorübergehende Störung ist kein Grund zur Besorgnis.

So gelingt das Wochenendfasten

Wenn Sie Ihr Frühstück hinter sich haben, dann tun Sie sofort etwas, was Sie ablenkt. Haben Sie einen Haushalt zu führen, machen Sie sich gleich an die Arbeit. Bedauern Sie sich nicht, sondern klopfen Sie sich im Geiste auf die Schultern, sagen Sie sich: »Den Anfang hast du geschafft, den Rest wirst du auch noch packen.«

Zwei Tage Fasten gehen schneller vorbei, als man denkt. Und wenn man dann wieder essen darf, merkt man erst einmal, wie gut die Sachen eigentlich schmecken. Sollte es Ihnen übel werden, eine gewisse Unpäßlichkeit aufsteigen, sollte Ihnen der Kopf schwer werden, dann haben Sie wahrscheinlich zu wenig getrunken. Ich habe ja schon mehrfach betont, daß man immer eine Hand an der Wasserflasche haben sollte. Oder an der Tasse mit Kräutertee. So kommen Sie am besten über die Runden. Schwarzer Tee ist nur morgens und nachmittags erlaubt, jeweils 2 Tassen mit Honig.

Am Vormittag und am frühen Nachmittag bekommen Sie jeweils einen Eiklar-Cocktail. Auf Dauer würde diese kleine Eiweißmenge nicht ausreichen. Allerdings, man kann sogar wochenlang ganz ohne Eiweiß auskommen, wenn man von erfahrenen Fastenärzten betreut wird. Mir ist es dennoch lieber, auch während des kurzzeitigen Fastens nicht ganz auf Eiweiß zu verzichten. Außerdem habe ich die Erfahrung gemacht, daß der Cocktail wunderbar beruhigend auf den Magen wirkt. Es ist, als würde er sich ganz sanft und schützend auf die Magenwände legen. Daran ändert auch das bißchen Pfeffer zum Würzen nichts.

Auf keinen Fall dürfen sie zwischendurch naschen. Ein einziges Stückchen Schokolade kann den Erfolg zunichte machen. Die Umstellung von Aufnahme auf Ausscheidung wird sofort unterbrochen. Die Folge: Hunger, der sich nur schwer besiegen läßt.
Zum Mittagessen machen Sie einfach einen Gemüsesaft heiß. Sie können Ihre Gemüsebrühe aber auch selbst kochen. Das Rezept dazu finden Sie im Rezeptteil. Die Säfte, die Sie verwenden, müssen nicht besonders teuer sein, sie müssen auch keine speziellen Anforderungen erfüllen. Sie sollten nur darauf achten, daß die Säfte nicht zusätzlich gesüßt sind. Besonders süße Säfte, wie etwa Traubensaft, Pflaumen- oder Aprikosensaft, sollten Sie meiden. Gut geeignet sind zum Beispiel Johannisbeersaft oder Apfelsaft. Manche Gemüsesäfte bekommen Sie vielleicht nur im Reformhaus. Ich habe einen Plan zusammengestellt, der Ihnen hilft, das Einkaufen besser zu organisieren.
Nach dem Mittagessen sollten Sie sich einen Mittagsschlaf gönnen. Ziehen Sie sich dazu aus und legen Sie sich ins Bett. Eine warme Leibauflage tut sehr gut. Das gilt auch für den Abend. Ganz besonders angenehm werden Sie eine Wärmflasche an den Füßen empfinden.
Tanken Sie auch wieder einmal frische Luft. Gehen Sie spazieren. Lassen Sie Ihr Auto in der Garage. Darum möchte ich Sie überhaupt für die Dauer der Fastentage bitten. Es kann sein, daß durch die Umstellung im Körper die Reaktion doch etwas nachläßt. In Gefahrensituationen könnte das gefährlich werden. Es kommt dann oft auf Bruchteile von Sekunden an.
Das Abendessen besteht aus einem viertel Liter Obstsaft. Trinken sie ihn ganz langsam, schlückchenweise. »Kauen« Sie die einzelnen Schlückchen, lassen Sie sie auf der Zunge zergehen. Wenn es Ihnen tagsüber wirklich manchmal etwas mulmig werden sollte, dann können Sie sich mit einem oder zwei Schlückchen Obstsaft sehr schnell helfen. Sie machen augenblicklich wieder munter. Aber bitte wirklich nur, wenn es nötig ist.

Ein Tip zum Aufwärmen

Bevor Sie ins Bett gehen, sollten Sie sich noch einmal gut durchwärmen. Das geht am einfachsten mit einem ansteigenden Fußbad, also einem Bad mit ansteigender Temperatur. Stellen Sie dazu einen Eimer mit warmem Wasser in die Badewanne und setzen Sie sich mit einem Stuhl davor. Tauchen Sie Ihre Füße und Unterschenkel ein, und lassen Sie immer wieder heißes Wasser zulaufen, gerade soviel, daß Sie es noch vertragen. Auf diese Weise werden Sie gut durchwärmt. Wenn man das heiße Wasser zulaufen läßt, kann man höhere Temperaturen ertragen, als wenn man die Füße sofort in heißes Wasser taucht. Wer Krampfadern hat oder thrombosegefährdet ist, sollte statt des ansteigenden Fußbades lieber ein ansteigendes Armbad machen. Dazu können Sie den Eimer ins Waschbecken stellen oder das Becken selbst benutzen. Bitte auch dabei hinsetzen. Bevor Sie beginnen, wärmen Sie die Füße auf, indem Sie sie heiß waschen. Anschließend schnell warme Socken überziehen. Jetzt erst beginnen Sie mit dem ansteigenden Armbad und wärmen auf diese Weise nochmals den ganzen Körper durch. Die Wärmflasche im Bett ist auch danach noch ganz angenehm. Das gilt hauptsächlich für Herbst oder Winter. Sie können sich diese Ratschläge ja für kalte Zeiten aufheben.

Viele brauchen weniger Schlaf

Wenn Sie nicht so gut einschlafen wie sonst, sollte Sie das nicht beunruhigen. Natürlich wäre es schöner, wenn man einfach die Augen zumachen könnte und erst am nächsten Morgen wieder aufwacht. Das ist auch in den meisten Fällen so. Manche Menschen schlafen während des Fastens sogar besser als vorher. Aber bei anderen will sich manchmal der Schlaf nicht so recht einstellen. Das bedeutet aber nicht, daß sie deshalb am nächsten Tag unausgeschlafen und zer-

schlagen sein müssen oder ein besonderes Schlafdefizit haben.
Der Körper braucht jetzt weniger Schlaf. Nachdem er keine oder nur wenig Verdauungsarbeit zu leisten hat, und Sie sich auch körperlich nicht angestrengt haben, braucht der Körper etwas weniger Zeit, um seine Kräfte wieder aufzubauen. Deshalb: Quälen Sie sich nicht, wenn Sie nicht einschlafen können. Stehen Sie noch einmal auf, machen Sie Licht, nehmen Sie sich ein Buch zur Hand und lesen Sie etwas. Oder denken Sie ruhig über die Dinge nach, die Ihnen gerade so in den Sinn kommen. Zwingen Sie sich zu nichts, vertreiben Sie aber auch nicht die Gedanken. Lassen Sie sie nur kommen, lassen Sie ihnen ihren Lauf. Es ist gar nicht so selten, daß man gerade in der Zeit des Fastens beinahe wie von selbst Lösungen für Probleme findet, auf die man vorher nicht gekommen ist.

Fasten heißt Ballast abwerfen

Um all das Schöne zu erleben, das man beim Fasten als Läuterung, als Leichtigkeit, als Befreiung, ja Erlösung beschreibt, und das dem Fasten eigentlich erst den tieferen Sinn gibt, ist unser Wochenendfasten etwas zu kurz. Zumindest andeutungsweise kann man aber auch dabei schon einige Erfahrungen sammeln. Wenn man nichts erzwingen will, wenn man sich einfach diesem – wohl für die meisten von Ihnen – neuen Erlebnis hingibt, werden viele in der Ruhe, im Abstandnehmen von so vielem Alltäglichen, im Üben des Verzichts auf Leibliches, doch mehr Gewinn haben als nur einen bereits deutlichen Gewichtsverlust.
Der zweite Fastentag läuft in der gleichen Weise ab wie der erste. Und es würde mich sehr freuen, wenn Sie beim Zubettgehen sagen könnten: »Ich bin stolz auf mich. Das habe ich schon mal geschafft, und nun kann es weitergehen, ich bin gerüstet.«

Warum geht es nicht leichter?

Vielleicht fragen Sie mich aber auch, warum es beim Einstieg in die Diät nicht leichter, nicht ohne das strenge Fasten geht. Ich fasse meine Gründe dafür noch einmal zusammen: Abstand nehmen, Einkehr halten, Ballast abwerfen – so heißen die Ziele, die ich mit dem Wochenendfasten verfolge. Sie öffnen sich den Weg zu einer neuen Erfahrung. Sie selbst befreien sich aus den Zwängen der Gewohnheit und schaffen sich damit die beste Voraussetzung, einen dauerhaften Gewinn aus meiner Diät zu ziehen. Sie lernen, daß man ohne zu essen nicht gleich verhungert. Fasten heißt ja nicht hungern, sondern bewußt auf Nahrung von außen verzichten. Fasten heißt: von innen heraus leben.

Je besser das Umschalten von Außen auf Innen gelingt, um so weniger werden Hungergefühle aufkommen. Hunger heißt, daß man auf Nahrung wartet, sie aber nicht bekommt. Fasten heißt: Man wartet nicht auf Nahrung, der Körper ernährt sich selbst.

Die Umstellung gelingt beim ersten Mal sicher nicht ohne Schwierigkeiten. Sie geht um so leichter, je öfter man gefastet hat und je bewußter man sich darauf einstellt. Deshalb rate ich auch davon ab, sich einfach mal schnell vorzunehmen: »Morgen esse ich nichts.« So abrupt wird die Umstellung auch Fastenerfahrenen nur schwer gelingen. Verzichten Sie deshalb auch später, wenn Sie wieder einmal fasten wollen, nicht auf den Obsttag. Geben Sie sich genügend Zeit, sich auch seelisch richtig einzustimmen.

Ein ganz praktischer Grund für das Wochenendfasten ist auch, daß viele Leute meinen, sie könnten nicht oder nur ganz schwer abnehmen. Sie haben schon viele Diäten versucht und immer wieder mutlos aufgesteckt. Gerade ihnen möchte ich gleich zu Beginn mit dem Ergebnis des Fastens ein meßbares Erfolgserlebnis vermitteln.

Wieviel kann man abnehmen?

Nach dem Obsttag und den beiden Fastentagen haben viele bereits drei bis vier Pfund abgenommen. Natürlich ist das nicht alles Fettgewebe, was da weggeschmolzen ist. Zum größten Teil ist diese rasche Gewichtsabnahme auf das kräftige Ausschwemmen zurückzuführen. Sie sehen aber, daß Sie auf dem richtigen Weg sind, und Ihr Ehrgeiz wird angeregt, weiter darauf fortzuschreiten.

Allerdings schicke ich schon jetzt voraus, daß es in der kommenden Zeit nicht immer so rasch weitergehen kann. Schon in den nächsten zwei bis drei Tagen werden Sie vermutlich nicht mehr bemerkenswert abnehmen, und es ist auch bereits ein Erfolg, wenn das Gewicht nicht wieder steigt. Ich kann Ihnen aber versichern, daß es mit dem Gewicht weiter heruntergehen wird. Die 1100 bis 1200 Kalorien, die Sie an den nicht besonders gekennzeichneten Tagen der Diät, den Regeldiät-Tagen, bekommen, liegen ja erheblich unter Ihrem Bedarf von normalerweise etwa 2400 Kalorien. Dabei muß man auf jeden Fall abnehmen – allerdings nicht pausenlos.

Stellen Sie sich eine Treppe vor, die von einem Plateau zum nächsten führt. Ein Plateau bedeutet jeweils, daß der Körper nach der Arbeit des Ballastabwerfens ausruht. Daß er seine Kräfte sammelt, daß er innehält und nach dem Umbau Ordnung schafft. Ist er zur Ruhe gekommen, dann kann er weitermachen mit den Aufräumarbeiten – bis er die nächste Pause braucht.

Und wieviel können Sie am Ende abgenommen haben?

Das richtet sich nach Ihrem Ausgangsgewicht. Wer stärker übergewichtig ist, wird mehr abnehmen als derjenige, der seinem Ziel schon recht nahe ist. Und Männer nehmen mehr und schneller ab als Frauen. Im Mittel kann man davon ausgehen, daß Frauen etwa 10–14 Pfund am Ende der drei Wochen abgenommen haben werden, Männer etwa 14–20 Pfund.

Der Neubeginn

Der Montag ist der Nachfastentag. Er erfüllt besondere Aufgaben. Wir müssen uns zunächst einmal vorsichtig wieder an das Essen herantasten, da wir unseren Verdauungsapparat nicht zu sehr belasten dürfen. Natürlich wollen wir auch weiterhin die Ausscheidungsarbeit unterstützen. Deshalb beginnen wir den Tag wieder mit viel Flüssigkeit mit oder ohne Quellstoffzusatz, trinken anschließend noch möglichst viel Wasser und danach den Sauerkrautsaft. Die eingeweichte Feige zum Frühstück dient dem gleichen Zweck.
Nun heißt es aber auch, sich wieder auf Nahrungsaufnahme umzustellen. Beginnen wir mit einem schönen reifen Apfel. Er hat sich zu diesem Zweck besonders bewährt. Lernen Sie wieder zu schmecken, indem Sie jeden Biß auskosten, gründlich und lange kauen, gut einspeicheln und sich dabei Zeit lassen. Sie werden erfahren, daß ein Apfel, den man doch sonst einfach so nebenbei gegessen hat, eine ganze Mahlzeit sein kann.
Wenn es Ihnen möglich ist, ungespritztes Obst ohne chemische Zusätze zu bekommen, dann essen Sie den Apfel mit Schale und Gehäuse – natürlich nicht ohne ihn gewaschen und gebürstet zu haben.
Beherzigen Sie diesen Rat nicht nur während der drei Wochen der Diät, sondern auch in Zukunft. Dieser Schritt – weg von unserer ballaststoffarmen Ernährung hin zur ballaststoffreichen – ist ein wichtiger Schritt auf dem Weg zur Gesundheit. Ich komme noch einmal darauf zu sprechen, wenn es um die Besonderheiten der anderen Diättage geht.
Auf Ihren schwarzen Tee mit dem Honig werden Sie sich beim Frühstück sicher schon freuen, und ich brauche Sie nicht daran zu erinnern. Vergessen Sie bitte auch am Nachfastentag nicht, noch möglichst viel zu trinken. Im Laufe des Vormittags dürfen Sie dann zum ersten Mal wieder eine Scheibe Brot essen. Obwohl ich sonst leicht aufspaltbare Kohlenhydrate möglichst meide, habe ich hier bewußt Knäcke-

brot gewählt. Es wird sehr schnell in den Körper aufgenommen und wirkt deshalb wie eine kleine Energiespritze.
Die Suppe für das Mittag- und Abendessen ist eine schnell und leicht zuzubereitende Tütensuppe. Im Restaurant oder in der Kantine wird es sicher etwas Ähnliches geben. Mittags wird ein geschlagenes Eiweiß in die Suppe gerührt. Das Eigelb bitte nicht verwenden. Erstens hat ein Eigelb schon 70 Kalorien, ein Eiweiß nur 17, und außerdem enthält es zuviel Fett, vor allem Cholesterin. Halten Sie sich bitte genau an die Einteilung der Mahlzeiten, wie sie im Rezeptteil steht. Vergessen Sie nicht, nachmittags nochmals Tee zu trinken und Ihren Vollkornkeks wieder langsam und gründlich zu kauen. Das gleiche gilt für die Karotte vor dem Abendessen. Die heiße Suppe mit frischem Grün und der Joghurt mit Leinsamen vor dem Zubettgehen werden Ihnen das Gefühl vermitteln, ganz gut mit wenig auszukommen.

Es geht bergauf

Außerdem: Sie haben nun das Schwerste geschafft. Jetzt geht es wieder bergauf, es wird leichter. Es gibt allerdings während der drei Wochen noch zweimal eine ähnliche Hürde wie in den vergangenen Tagen. Sie ist dann aber nicht so hoch und einfacher zu überspringen. Am kommenden Wochenende, am Freitag, steht nochmal ein Obsttag auf dem Programm. Sie müssen dann aber nur bis zum Abend durchhalten. Am dritten Wochenende, wenn wir zum Endspurt ansetzen, machen wir noch einmal einen ganzen Obsttag, aber danach nur einen Fastentag.
Das ist viel weniger schlimm, als Sie jetzt vielleicht denken. Wenn man erst mal Fastenerfahrung hat, dann fällt es immer leichter, wieder hineinzukommen. Sie haben damit ein sehr gutes Instrument zur Verfügung, mit dem Sie sich schnell einmal helfen können, wenn Sie doch wieder etwas zugenommen haben. Ich werde noch ausführlicher darauf zu spre-

chen kommen, wenn es um die Frage geht, was man am besten tut, wenn man doch wieder gesündigt hat.

Die Dauerfahrkarte durchs Schlaraffenland

Was meine ich damit? Ist es nur ein effektvolles Schlagwort? Und warum spreche ich gerade jetzt von der »Dauerfahrkarte durchs Schlaraffenland« – jetzt, wo die Diät erst richtig beginnt?
Bei 1100 bis 1200 Kalorien leben wir ja nicht gerade üppig, und wir müssen uns doch wohl trotz aller Tricks ganz schön zusammenreißen, um standhaft zu bleiben. Gemeint ist: Ich gebe Ihnen mit meiner Diät ein Grundmodell, nach dem Sie sich immer richten können, auch wenn die strenge Diät vorbei ist. Sie können sich dann, wie an einem Leitfaden, sicher durch unser heutiges Schlaraffenland bewegen.

Warum das »Betthupferl«?

An sich liefere ich Ihnen nichts anderes als das Grundgerüst einer gesunden Ernährung, das Ihnen zwar augenblicklich von der Menge her Einschränkungen auferlegt, das Sie später aber nach Belieben ausbauen können. Auch während der Zeit der Diät brauchen Sie aufkommende Gelüste nicht mit großer Anstrengung zu unterdrücken. Ich bin der Meinung, daß alles, was man nur mit Gewalt beherrscht, irgendwann doch sein Recht fordert. Das führt dazu, daß man nach einer zu strengen Diät das große Bedürfnis verspürt, alles Versäumte möglichst rasch nachzuholen. Und dann steht man ganz schnell wieder da, wo man angefangen hat. Deshalb habe ich mir das sogenannte »Betthupferl« einfallen lassen. Jeden Tag, das heißt abends, stehen Ihnen 100 Kalorien frei zur Verfügung. Abends deshalb, weil Sie dann den Tag über – hoffentlich – weniger in Versuchung geraten, jeder Verlockung

gleich nachzugeben. Indem Sie sich solche Genüsse für den Abend aufheben, lernen Sie, sich in Geduld zu üben und die wirklichen Bedürfnisse von einer augenblicklichen Laune zu unterscheiden. Was an Wünschen bis zum Abend übrig bleibt, sei Ihnen dann auch wirklich zugestanden. Allerdings nicht in unbegrenzter Menge, sondern eben nur den 100 Kalorien entsprechend. Aber das ist gar nicht so wenig. Um Ihnen zu zeigen, was da so alles auf Sie wartet, habe ich eine Tabelle der gängigsten Verlockungen zusammengestellt, die in etwa 100 Kalorien entsprechen. Sollte Ihr »Schmankerl« nicht dabei sein, dann schauen Sie bitte in einer Kalorientabelle nach. Mit dem »Betthupferl« will ich Ihnen die Möglichkeit geben, auch während der Diät Ihrem eigenen Geschmack zu folgen – natürlich in Grenzen. Sie versäumen nichts, Sie nehmen sich nur zusammen. Und das möchten Sie doch, das ist doch Ihr eigener Wunsch, oder nicht?
Sicher wollen Sie nicht 2 Pfd. rohe Gurke oder 400 g Sauerkraut essen.
Damit Sie sehen, welche Möglichkeiten Ihnen das 100-Kalorien-Betthupferl bietet, hier einige Kombinationen zur Auswahl:

½ Magerjoghurt + 1 Knäckebrot + ½ Apfel oder
½ Scheibe Grahambrot + 1 Msp. Streichfett + 3 Scheiben Lachsschinken oder
1 Magerjoghurt mit Früchten oder
1 Scheibe Toast + 1 dünne Scheibe 20%iger Schnittkäse oder
1 Tasse Brühe + 1 Scheibe Toast + ½ Scheibe 20%iger Käse oder
1 Glas Milch, 1,5%ig (0,2 l) oder
200 g Melone + 5 Scheiben Lachsschinken oder
Früchtequark aus 2 EL Magerquark + 125 g Himbeeren, Süßstoff + Zitrone oder
1 Tasse Brühe + 1 Scheibe Toast + 1 Tasse Himbeergelée (s. 2. Woche, Mittwoch) oder
½ Scheibe Mischbrot + 40 g Rindertatar oder

½ Scheibe Grahambrot + 1 Msp. Streichfett + 1 Tomate mit Schnittlauch oder
½ Scheibe Grahambrot + ½ Banane als Auflage oder
1 großer Salatteller (150 g Gurke, 150 g Tomaten, 100 g Radieschen, 60 g Feldsalat, 1 TL Öl, Essig und Gewürze) oder
Obstsalat (40 g Banane, 100 g Erdbeeren, 1 EL Magerquark, 1 EL Kleie, Zitronensaft und Süßstoff).

Erfinden Sie Ihre eigenen Kombinationen! Sicher finden Sie dazu auch Anregungen mit Kalorien- und Nährwert-Angaben im Rezeptteil.

Folgende Gute-Nacht-Bissen oder -Schlückchen stehen Ihnen zur Verfügung:

100-Kalorien-Betthupferl
1 Riegel Schokolade (4 kl. Stückchen)
1 dünnes Stück Sandkuchen (50 g)
3 Butterkekse (à 6 g)
50 g Sahneeis
2 Pralinen
10 Kartoffelchips
15 g Erdnüsse = 2 EL
4 süße Kleiekekse
1 Glas Bier (0,2 l)
1 Glas trockener Wein (0,15 l)
1 Glas Sekt (trocken!)
1½ Gläser Cognac (à 2 cl)
1½ Gläschen Kirschwasser (à 2 cl)
2 klare Schnäpse (à 2 cl)
1 kleiner Whisky (3 cl)
1 Glas Apfelsaft (0,2 l)
1 Hühnerei (87 Kal.)
1 Magerjoghurt mit Früchten (117 Kal.)
100 g Frischkäse (20% Fett i. Tr.)
50 g Schmelzkäse = 1 knappe Ecke

45 g Camembert (30% Fett i. Tr.)
50 g Schnittkäse (20% Fett i. Tr.)
2 Pfund grüne Gurken
300 g Karotten
500 g Radieschen
500 g Rhabarber
500 g Spargel
300 g Steinpilze
400 g Sauerkraut
500 g Tomaten = ca. 10 Stück
2 kleine Äpfel
1½ Apfelsinen
1 kleine Banane (100 g)
2 kleine Birnen
300 g Erdbeeren
250 g Himbeeren
150 g Kirschen
400 g Wassermelone
2 Pfirsiche
200 g Pflaumen
125 g Weintrauben
1 Semmel
2½ Scheiben Knäckebrot
100 g Krebsfleisch aus der Dose
125 g Hummer
100 g Garnelen
100 g Hähnchenfleisch
80 g Truthahnwurst (6 Scheiben)
80 g Rindertatar
90 g Kalbsbraten (9 Scheiben à 10 g)
70 g Lachsschinken

Warum eine halbe Stunde vor dem Essen eine Kleinigkeit?

Außer dem »Betthupferl« gibt es in meiner Diät noch einige andere Tricks. Sehen Sie sich zum Beispiel einmal den Plan vom Dienstag 1. Woche an. Da steht: ½ Stunde vor dem Mittagessen 3 Gabeln rohes Sauerkraut und ½ Stunde vor dem Abendessen 1 kleine Karotte. Warum das? Es geht wieder um einen Kniff, der Ihnen hilft, die Diät leichter durchzuhalten. Ich habe ihn von Professor Dr. H.-J. Holtmeier (Leiter des Instituts für Ernährungslehre der Universität Hohenheim/Stuttgart) gelernt. Man hat nämlich erkannt, daß das Sättigungsgefühl weniger von der Menge der aufgenommenen Nahrung abhängt als vielmehr von der Zeit, die von Beginn der Nahrungsaufnahme an verstreicht. So setzt etwa nach einer halben Stunde ein Sättigungsgefühl ein, unabhängig davon, wieviel wir in der Zwischenzeit gegessen haben. Wer dennoch Schwierigkeiten hat, jeweils eine halbe Stunde vor den Mahlzeiten die drei Gabeln rohes Sauerkraut oder die Karotte zu essen, kann statt dessen auch jeweils ein Glas Wasser mit oder ohne Quellstoff-Zusatz (z. B. Metamucil oder Agar-Agar) trinken.
Ich hätte die Art der Kleinigkeiten, die ich Ihnen eine halbe Stunde vor dem Essen anbiete, täglich variieren können. Ich tue es nicht, denn: Ich möchte eine gewisse Vertrautheit, ein gewisses Gleichmaß in die Diättage hineinbringen, Stationen, an denen man sich orientieren kann. Die Zwischen-Happen sollen nicht allzu viel Zeitaufwand und Mühe erfordern. Berufstätige sollen sie bequem mitnehmen oder kaufen können. Und schließlich: Sauerkraut und Karotte sind vitamin- und mineralstoffreiche Nahrungsmittel. Und das ist mir immer das Wichtigste: Sie sind reich an Ballaststoffen.

Warum Ballaststoffe?

Auf diesen Punkt möchte ich jetzt ausführlicher eingehen. In den letzten Jahren haben die Erkrankungen an Darmkrebs deutlich zugenommen. Der Dickdarmkrebs stellt bei der Frau die häufigste Krebserkrankung dar, noch vor dem Brustkrebs. Beim Mann schiebt sich der Dickdarmkrebs noch vor den Magenkrebs an die zweite Stelle der Krebserkrankungen. An erster Stelle steht hier der Krebs der Atemwege.
Aller Wahrscheinlichkeit nach besteht ein direkter Zusammenhang zwischen diesem Ansteigen der Darmkrebserkrankungen und unseren Ernährungsgewohnheiten. Wir sind in den letzten Jahren mehr und mehr zu einer hochkalorischen, schlackenstoffarmen und fettreichen Ernährung übergegangen. Unser Mehl wird immer weißer, der Zucker hochraffiniert, der Reis muß geschält, poliert und ebenfalls weiß sein – es gibt kaum noch Nahrungsmittel, die in ihrer ursprünglichen Form belassen werden. Der Eindruck für das Auge ist wichtiger als der Geschmack und der Nährstoffgehalt. Eine Folge dieser Art der Ernährung: Es fallen nur geringe Stuhlmengen an. Während Naturvölker, die sich noch richtig »natürlich«, also ballaststoffreich ernähren, Stuhlmengen von bis zu 500 Gramm pro Tag haben, sind die meisten Europäer schon glücklich, wenn sie überhaupt noch täglich Stuhlgang haben, und dann liegt die Menge nur bei etwa 170 Gramm.
Bei so geringen Mengen wird der Darm kaum gedehnt. Damit fehlt der natürliche Reiz, der die Darmperistaltik, also die Bewegungen, die den Stuhl vorwärtsbefördern, anregt. Der Stuhl bleibt länger im Darm liegen, er wird zu einer harten, festgebackenen Masse, derer man sich nur schwer entledigen kann.
Die Symptome der Verstopfung kennen wir ja. Sie beschränken sich nicht nur auf das lästige Ziehen und Drücken, das aber oft doch nicht zum Stuhlgang führt, und auf die Blähungen. Müdigkeit, Kopfschmerzen, Lustlosigkeit gehören auch

dazu. Verstopft ist nicht nur der Darm, verstopft ist auch die Lebensfreude.
Viele wissen sich dann nicht anders zu helfen: Sie greifen zu Abführmitteln. Und oft gilt: Je intensiver und drastischer die Wirkung, um so lieber. Aber was passiert dabei? Die meisten Abführmittel, ob auf chemischer oder pflanzlicher Grundlage, die nicht über eine Dehnung des Darms wirken, sondern die Darmwand selbst reizen, erzielen nicht nur die gewünschte Stuhlentleerung. Es kommt gleichzeitig zu einem Wasser- und Elektrolytverlust, vor allen Dingen zu einem Verlust an Kalium. Das kann bei starkem Abführmittel-Mißbrauch soweit führen, daß der Kalium-Verlust den Darm lähmt. Eine Erhöhung der Dosis bewirkt dann genau das Gegenteil von dem, was man erreichen will: Der Darm wird noch weiter lahmgelegt. Diese Auswirkungen sind dann aber nicht mehr allein auf den Darm beschränkt. Es kann zu gefährlichen Störungen der Herztätigkeit kommen, ebenso zu anderen Lähmungserscheinungen an der Muskulatur.
Im Zusammenhang mit unserer Fehlernährung kann auch die Zunahme weiterer Erkrankungen des Darms gesehen werden, zum Beispiel die Divertikulitis, also die Entzündung von Ausstülpungen der Darmwand, oder auch die häufigen Blinddarmentzündungen. Wenn wir hier Abhilfe schaffen wollen, dann genügt es nicht, an den Symptomen herumzukurieren, schon gar nicht mit Abführmitteln. Dann müssen wir uns wieder auf eine gesunde Ernährung besinnen. Dazu gehört, daß der Darm ausreichend gefüllt wird. Wir müssen dafür sorgen, daß unsere Ernährung genügend Ballaststoffe enthält. Dazu zählen im besonderen die unverdauliche pflanzliche Zellulose, dazu zählt alles das, was im Augenblick noch mit großem Eifer aus der Nahrung entfernt wird. Essen wir wieder einmal den Apfel mit Schale und Gehäuse. Denken wir daran, nicht nur weißes Brot zu essen, sondern wieder mehr Vollkornbrot. Gewöhnen wir uns an, soviel wie möglich Salate und Rohkostplatten zu essen, außer dem Brot auch andere Vollkornprodukte zu verwenden und mit Lein-

samen, Kleie und dem schon erwähnten Meeresalgen-Gel oder anderen Quellstoffen die Füllung des Darms zu unterstützen. Das bedeutet natürlich nicht, daß Sie im ganzen mehr essen sollen, denn für unseren eigentlichen Bedarf essen wir ja ohnehin schon viel zu viel. Es geht darum, das Richtige zu essen und nur von dem, was jetzt vernachlässigt worden ist, mehr zuzulegen.
Durch die Vorgänge, die ich Ihnen gerade geschildert habe, ist noch ein weiterer wichtiger Faktor für unsere Gesundheit betroffen: die natürliche Bakterienbesiedelung des Darms. Auch sie hat sich mit den gewandelten Essensgewohnheiten verändert. Auch sie könnte sich erholen, wenn wir wieder mehr pflanzliche Zellulose und schlackenreiche Kost überhaupt essen würden. Diese Bakterien sorgen dafür, daß insbesondere die in den Pflanzenzellen eingeschlossenen Eiweiße unserem Körper zugeführt werden können. Sie sind am Aufbau von bestimmten Vitaminen aus der Gruppe der B- und K-Vitamin-Komplexe beteiligt. Sie sorgen dafür, daß krankmachende Bakterien nicht ungehindert um sich greifen können. Vor allem aber erfüllen sie eine wichtige Aufgabe bei der Instandhaltung einer kräftigen körpereigenen Abwehr.

Damit sind wir wieder bei dem anfangs angesprochenen Krebsproblem. Obwohl wir über die Krebsentstehung immer noch nicht viel Genaues wissen, gilt doch eines als sicher: Eine gestörte körpereigene Abwehr spielt dabei keine geringe Rolle. Darüber hinaus nehmen Wissenschaftler (Burkitt und Hill) an, daß durch die veränderte Stuhlzusammensetzung im Darm Bakterien auftauchen, die krebsfördernde Abbauprodukte erzeugen.

Je mehr Fett die Nahrung enthält, um so mehr krebsfördernde Stoffe sollen diese Bakterien bilden können. Und umgekehrt: Je mehr Ballaststoffe die Nahrung enthält, je kürzer der Stuhl im Darm liegen bleibt, um so weniger Gelegenheit soll für die Bildung krebsfördernder Stoffe gegeben sein.

Die drei Grundübel unserer Ernährung heißen also: zuviel (zu hochkalorisch), zu schlackenstoffarm, zu fett.

Wieviel Fett dürfen wir essen?

Daß wir zuviel Fett essen, darüber sind sich alle einig. Ich habe schon am Anfang dieses Buches darauf hingewiesen, wieviele Kalorien wir einsparen könnten, wenn wir uns beim Fett bescheiden würden.

Nach Angabe der Deutschen Gesellschaft für Ernährung reicht 1 Gramm Fett pro Kilogramm Körpergewicht für die optimale tägliche Fettversorgung aus. Das heißt, jemand der 70 Kilogramm wiegt, darf 70 Gramm Fett verbrauchen. Daß bedeutet aber nicht, daß er sich diese 70 Gramm Fett auf das Brot streichen dürfte. In dieser Menge ist auch alles versteckte Fett enthalten, ob in Fleisch, Wurst, Käse oder Milch. Für den Brotaufstrich, zum Backen oder Braten, bleiben dann nur noch 20 bis 30 Gramm Fett übrig.

Auch die Untersuchungen im Zusammenhang mit dem Dickdarmkrebs stimmen zumindest nachdenklich. Aus diesen Gründen habe ich überall dort in meiner Diät mit Fett gespart, wo es nicht notwendig ist, und wo wir es nicht sonderlich vermissen. Das betrifft vor allem die versteckten Fette. Deshalb

verwende ich vorwiegend magere oder fettreduzierte Nahrungsmittel. Dennoch habe ich bewußt eine wohlbemessene Menge Fett in der Nahrung belassen.
Man weiß, daß man bei gleicher Kalorienzahl ein besseres Sättigungsgefühl hat, wenn das Fett nicht zu sehr eingeschränkt wird. Der Magen wird nicht so schnell wieder leer und knurrt daher weniger. Da man viel mehr von dem hat, was man sieht oder zumindest bewußt genießen kann, als von den versteckten Kalorien, die man ißt, ohne es zu merken, heißt meine Devise: Verstecktes Fett meiden, dabei aber nicht ganz auf Fett verzichten.
Ich habe aber noch weitere Gründe, das Fett zwar erheblich einzuschränken, aber doch eine Mindestmenge beizubehalten. Es gibt eine Reihe von Vitaminen, die nur zusammen mit Fett in den Körper aufgenommen werden können. Es sind die Vitamine A, D, E und K.
Dr. Walter Loew (Gesellschaft für Ernährungs-Biologie, Forschungsstelle München) erzählte mir dazu von einem interessanten Experiment, das in den USA durchgeführt wurde. Während eines freiwilligen Versuches aßen Studenten eine Zeitlang große Mengen Karotten, die ja sehr viel Vitamin A enthalten, bei im übrigen fettfreier Kost. Weil ihnen das Fett fehlte, bekamen sie jedoch trotz der hohen Vitaminzufuhr Vitamin-A-Mangelerscheinungen. Sie klagten vor allem über Sehstörungen bei Nacht. Daß es nicht zu ausgeprägten Mangelerscheinungen kam, lag an der großen Speicherfähigkeit der Leber für Vitamin A. Der Vorrat kann bis zu zwei Jahren ausreichen. Bei einem ausgeprägten Vitamin-A-Mangel kommt es zur Nachtblindheit, denn Vitamin A ist für den Aufbau des Sehpurpurs nötig.
Auch die Haut braucht *Vitamin A.* Bei einem Mangel wird sie rauh, spröde, schuppt und neigt zu Entzündungen. Die Haare fallen aus, das Knochenwachstum kann gestört werden. Der tägliche Vitamin-A-Bedarf bei Erwachsenen liegt etwa bei 1,5 Milligramm. Ein Zuviel kann zu akuten Vergiftungserscheinungen führen mit Kopfschmerzen, Erbrechen, Durch-

fall und großer Müdigkeit. Einige Tage nach einer massiven Vergiftung können sogar ganze Hautstreifen abgestoßen werden.
Hier sollen kurz auch noch die wichtigsten Wirkungen der anderen fettlöslichen Vitamine D, E und K angeführt werden:

Vitamin D schützt vor Rachitis, also den weichen Knochen bei der Englischen Krankheit. Es ist für die gesunde Entwicklung der Knochen unentbehrlich. Zuviel davon darf man Kindern aber auch nicht geben. Das kann im Gegenteil ebenso ernsthafte Gesundheitsschäden zur Folge haben wie ein Zuviel an Vitamin A: angefangen von Übelkeit, Erbrechen und Verstopfung bis hin zu Wachstumsstörungen, Verkalkungen, zum Beispiel in Herzklappen und Niere. Es kann sogar zu Intelligenzstörungen bei anhaltender Überdosierung kommen.

Vitamin E hat man aufgrund von Untersuchungen an Tieren auch als Antisterilitätsfaktor bezeichnet. Eine entsprechende Wirkung am Menschen ist aber umstritten. Man meint, daß Vitamin E eine Bedeutung für gesunde, kräftige Muskeln hat. Nachgewiesen wurden, daß Vitamin E nötig ist, damit die mehrfach ungesättigten Fettsäuren optimal genutzt werden können. Man nimmt an, daß für manche Störungen an der Haut bei Säuglingen ein Vitamin-E-Mangel verantwortlich sein könnte.

Vitamin K ist für die Blutgerinnung wichtig. Wenn wir uns verletzten, darf es nicht unaufhörlich weiterbluten. Es muß sich ein Gerinnsel bilden, das die Wunde verschließt. Wir kennen ja alle die Blutkrusten, die dann entstehen. Vitamin K hebt die Wirkung bestimmter Medikamente auf, mit denen wir das Blut weniger leicht gerinnbar gemacht haben, zum Beispiel um bei gefährdeten Patienten einer Thrombose oder Embolie vorzubeugen.

Welches Fett dürfen wir essen?

Eine heikle Frage, und ich will mir nicht anmaßen, eine allgemein gültige Antwort zu geben, wo die Wissenschaft sich noch streitet. Ein Rat ist mir aber wohl erlaubt, zumal sich doch schon ein gewisser Trend abzeichnet.
Der Kern der Frage heißt: Butter oder Margarine? Ich meine: Nicht entweder – oder, sondern beides.
Ich selbst wechsle gern ab: zum Beispiel morgens Butter, abends Margarine. Für den Salat und zum Braten verwende ich kaltgeschlagene Pflanzenöle, also etwa Maiskeimöl, Sonnenblumenöl oder Distelöl. Auf diese Öle soll man nicht ganz verzichten. Sie enthalten am meisten mehrfach ungesättigte Fettsäuren, die den Blutcholesterinspiegel senken. Unabhängig davon, ob sie bei der Verhütung der Arteriosklerose eine so große Bedeutung haben, wie ihnen bisher beigemessen wurde oder nicht, müssen wir unserem Körper eine Mindestmenge davon zuführen, denn er kann sie zum größten Teil nicht selbst aufbauen.
In der Medizin spricht man immer dann von essentiell, wenn der Körper Stoffe, die er verbraucht, nicht selbst aufbauen kann. Deshalb werden die mehrfach ungesättigten Fettsäuren auch essentielle Fettsäuren genannt (Früher Vitamin F). Manchmal spricht man aber auch dann von essentiell, wenn man zum Beispiel bei einer Erkrankung die Ursache nicht genau kennt. So ist das auch bei der häufigsten Form des Bluthochdrucks. Wir sagen essentieller Hochdruck, weil wir, abgesehen von einer Anlage dazu, noch nicht genau wissen, woher er kommt.
Nach heutigen Erkenntnissen (Prof. G. Wolfram) deckt ein Eßlöffel Distelöl den Bedarf an mehrfach ungesättigten Fettsäuren bereits vollständig ab. Während der Zeit meiner Diät brauchen Sie keine Mangelerscheinungen zu befürchten.
Wenn man vom Fett spricht, denkt man auch an das Cholesterin. Oft mit Unbehagen. Cholesterin aber ist keineswegs nur vom Übel und nur als Gefahr für unsere Gefäße anzu-

sehen. Wir brauchen es zum Beispiel für den Aufbau der Zellwände und als Grundstruktur für unsere Hormone und Gallensäuren. Ebenso wie es bei den gesättigten und ungesättigten Fettsäuren weniger auf die absolute Höhe, sondern vielmehr auf das Verhältnis der beiden zueinander ankommt, hat man auch beim Cholesterin erkannt, daß die Höhe des Gesamt-Cholesterinspiegels nicht allein aussagekräftig für die Arteriosklerosegefährdung ist, die sogenannte »Gefäßverkalkung«.
Die gefürchteten Komplikationen, angefangen von Durchblutungsstörungen bis hin zum Herzinfarkt oder Schlaganfall, sind Ihnen ja allen bekannt.
Wenn die Gesamthöhe des Cholesterins nicht allein ausschlaggebend für die Gefährdung unserer Gefäße ist, was dann noch?
Das Cholesterin wird an verschiedene Fett-Eiweiß-Körper gebunden. Es kommt nun darauf an, ob es sich dabei um leichte oder schwere Formen handelt. Während die leichten Formen die Gefäßwände angreifen, soll die schwere Form unsere Gefäße sogar schützen. Im ganzen gesehen kommt es aber auch hier wieder weniger auf die absoluten Mengen der einen oder anderen Form an, sondern darauf, in welchem Verhältnis zueinander sie vorkommen.

Wie können wir unsere Gefäße schützen?

Es wäre nun natürlich schön, wenn ich Ihnen sagen könnte, was Sie essen müßten oder was Sie meiden sollten, um ein optimales Verhältnis der verschiedenen Cholesterinformen zu erreichen, oder wenigstens die schwere Form zu begünstigen. Wir wollen ja alle einen möglichst guten Schutz für unsere Gefäße haben. Das ist aber nach den heutigen Erkenntnissen der Wissenschaft leider noch nicht möglich.
Bisher wissen wir nur, daß man die Zusammensetzung seines Cholesterins mit in die Wiege gelegt bekommt und daß der Einfluß des Nahrungsfettes auf diesen Cholesterinspiegel gar

nicht so groß ist. Gemeint ist damit allerdings nur, daß die Art des Fettes nicht sehr entscheidend ist, ein Zuviel ist aber durchaus schädlich, darüber sind sich alle einig.
Womit wir wieder beim Ausgangspunkt wären und der heißt: Die Fettmenge muß eingeschränkt werden. Das gilt allerdings nur, wenn keine Fettstoffwechselstörung, also eine Erkrankung, vorliegt. Hier bedarf es nach wie vor besonderer Anweisungen durch den behandelnden Arzt.

Bewegung ist wichtig

Zusätzlich haben Sie aber doch noch eine Möglichkeit, die schwere Form des Cholesterins für Ihren Gefäßschutz zu erhöhen: Man weiß, daß sie bei körperlicher Aktivität steigt. Das heißt: Sie haben die beste Therapie selbst in der Hand. Bewegen Sie sich! Treiben Sie Ausgleichssport.
Viele Wissenschaftler schreiben den Rückgang an Herz-Kreislauf-Erkrankungen in den USA der im großen Stile um sich greifenden Jogging-Welle zu. Millionen Amerikaner absolvieren bereits ihr tägliches Laufpensum genauso selbstverständlich wie das Zähneputzen. Wir gelten noch immer als ein Volk von »Bewegungsfaulen« und können ähnliche Erfolge nicht melden.

Zusammenfassung zum Thema Fett

Bleibt also zusammenzufassen: Es scheint für unsere Gesundheit weniger wichtig zu sein, welches Fett wir essen, als vielmehr, wieviel wir essen. Dabei kommt es auch nicht auf das Fett alleine an, sondern darauf, daß wir im ganzen die Kalorienzahl vermindern und vor allen Dingen das Übergewicht abbauen. Wenn wir uns auch noch ausreichend bewegen, dann dürfen wir uns getrost Butter oder Margarine aufs Brot schmieren.

Weitere Risikofaktoren für unsere Gefäße

Neben dem Zuviel an Fett, dem Übergewicht, dem Bewegungsmangel, gibt es noch weitere Risikofaktoren. Die wichtigsten möchte ich kurz erwähnen.

Es gibt keinen Zweifel daran, daß Rauchen der Risikofaktor Nummer 1 ist. Das heißt, je weniger Zigaretten wir rauchen, um so weniger gefährdet sind wir. Am besten: gar nicht rauchen!

Beim zu hohen Blutdruck weiß man oft nicht, was zuerst da war: die starren Gefäße, die den Druck in die Höhe treiben, oder der hohe Druck, der die Gefäße schädigt. Das Wichtigste ist meistens auch hier, das Übergewicht zu senken. Gelingt das, dann ist sehr oft eine weitere Behandlung des Bluthochdrucks gar nicht mehr nötig.

Der übermäßige Streß, unter dem so viele leiden, geht auch nicht spurlos an den Gefäßen vorüber. Körperliches Training stellt hier ebenfalls einen idealen Ausgleich dar. Und wenn Sie sich an all das erinnern, was ich über das Fasten gesagt habe, dann wissen Sie, daß Ihnen mit den Fasten-Wochenenden ebenfalls ein Weg offen steht, sich aus dem Streß zu befreien.

Warum Zwischenmahlzeiten?

Doch nun zurück zu unserem Diätplan: Dienstag 1. Woche. Weil das Fasten erst so kurz zurückliegt, gibt es mittags noch kein Fleisch. Im übrigen ist der Aufbau für die kommenden nicht besonders gekennzeichneten Tage, die Regeldiät-Tage, gleich. Neben den Kleinigkeiten, die Sie eine halbe Stunde vor den Hauptmahlzeiten zu sich nehmen sollen, sind noch weitere Zwischenmahlzeiten eingefügt: Am Vormittag, am Nachmittag, und abends gibt es das schon erwähnte »Betthupferl«. Halten Sie diese Zwischenmahlzeiten wirklich ein. Schlagen Sie sie nicht etwa dem Mittag- oder Abendessen zu. Man hat nämlich erkannt, daß man bei gleicher Kalorienzahl besser und mehr abnimmt, wenn man mehrere kleine Mahl-

zeiten über den Tag verteilt. Das ist günstiger als bei wenigen Mahlzeiten mehr zu essen.
Ich höre, wie einige von Ihnen jetzt sagen: »Ich habe das schon ausprobiert, aber je öfter ich esse, um so mehr Hunger bekomme ich.« Diese Beobachtung ist richtig. Sie stimmt aber nur dann, wenn Sie bei den Zwischenmahlzeiten hauptsächlich leicht verdauliche Kohlenhydrate essen. Man weiß, daß das Insulin, das dabei sehr schnell ausgeschüttet wird, alle Signale auf Aufnahme stellt und dadurch Hunger macht. Je öfter Sie kleine Mengen Kohlenhydrate essen, um so hungriger werden Sie. Der umgekehrte Fall tritt ein, wenn die Zwischenmahlzeiten vorwiegend aus Eiweiß bestehen oder zumindest aus weniger leicht aufspaltbaren Kohlenhydraten, wie etwa Vollkornprodukten. Auch Obst ist allein nicht sehr gut als Zwischenmahlzeit geeignet. Süßigkeiten natürlich noch weniger.

Einige praktische Ratschläge

Verwenden Sie zum Garen den Dampftopf, den Römertopf oder die Folie, damit nicht die wertvollsten Bestandteile der Nahrung im Kochwasser bleiben. Beim Dampftopf haben Sie auch noch den Vorteil, daß es viel schneller geht. Bei Nahrungsmitteln, die eine Schale haben, wie zum Beispiel Kartoffeln und Äpfel, die Schale möglichst belassen. Sie erhalten dadurch nicht nur die Inhaltsstoffe. Die unverdaulichen Bestandteile tragen neben allen übrigen positiven Effekten, die ich schon ausführlich beschrieben habe, auch zu einem besseren Sättigungsgefühl bei. Kochen Sie stets ohne Salz, und geben Sie das Salz erst dazu, wenn das Essen auf dem Teller ist. Professor Holtmeier hat mir einmal vorgerechnet, daß man auf diese Weise nur ein Zehntel der Salzmenge braucht, um den gleichen Geschmack zu erreichen, den man erzielt, wenn man von Anfang an mit Salz kocht. Ganz sollen und brauchen Sie nicht auf Salz zu verzichten, es sei denn, Ihr Arzt hätte es verordnet.

Seien Sie bei allen Mengenangaben so genau wie möglich. Ich habe zwar alles selbst abgewogen und in leicht anwendbare Küchenmaße übertragen, um Ihnen die Arbeit so einfach wie möglich zu machen. Dennoch ist es viel genauer, wenn Sie statt der angegebenen Messerspitze Butter (2,5 Gramm) diese 2,5 Gramm einmal auswiegen. Das gleiche gilt für Leinsamen oder Kleie und alle anderen Nahrungsmittel. Man wundert sich oft, wie sehr man sich doch verschätzt. 100 Gramm Tomate ist sicher eine kleinere Tomate als viele denken, und für Apfel oder Banane gilt das gleiche. Bei der Banane machen 20 Gramm mehr aber schon 19,8 Kalorien aus, und dafür könnten Sie schon wieder 100 Gramm Tomate essen.
Deshalb mein Rat: Kaufen Sie sich eine genaue Küchenwaage. Sie muß auch einzelne Gramm angeben können. Ich habe mir zwei Waagen gekauft. Auf der einen wiege ich bequem größere Mengen ab. Ich kann eine schwere Schale, einen Teller, oder eine Schüssel daraufstellen und die Skala wieder auf Null zurückdrehen. Alles, was ich in die Schale gebe, kann ich einzeln abwiegen, weil ich ja jeweils die Skala wieder auf Null zurückstellen kann.
Diese Waage hat aber nur 20-Gramm-Einteilungen. Deshalb habe ich mir noch zusätzlich eine Briefwaage gekauft, um auch einzelne Gramm abwiegen zu können. Auf eine kleine Platte können die Dinge, die ich abwiegen möchte, aufgelegt werden. Die Anzeige geht über einen Gewichtsarm.
Ein kleiner Tip: Einige Joghurtbecher und Styroporschalen, in denen man oft Gemüse fertig verpackt oder in Supermärkten das Fleisch zu kaufen bekommt, sind zum Abwiegen sehr praktisch. Noch wichtiger als alle Küchenwaagen ist natürlich die Personenwaage. Stellen Sie sich jeden Tag zur gleichen Zeit auf die Waage, am besten nackt nach der Morgentoilette. Wenn Sie das in Zukunft so beibehalten, werden Sie noch schneller merken, wenn Sie doch wieder zunehmen, und können gleich etwas dagegen tun.
Bei einer wirklich ausgetüftelten Diät wie dieser ergibt sich

die Frage: Was macht man mit den Resten, die übrig bleiben? Es tut einem ja immer weh, wenn man gute Sachen wegwerfen soll, nur weil sie sich nicht so lange halten, bis man sie wieder braucht. Das ist übrigens auch ein Grund, warum junge Mütter oft so dick werden. Sie sagen sich: »Man kann doch das, was das Baby übrig läßt, nicht einfach verkommen lassen.« Und mit trauriger Miene und einem Blick auf ihre Hüften fügen sie seufzend hinzu: »Das Ergebnis sehen sie hier!«

Ich habe meine Diät so eingeteilt, daß möglichst wenig Reste bleiben. Deshalb gibt es zum Beispiel am Montag 2. Woche einen Eintopf, um Blumenkohlreste vom Vortag zu verwerten. Deshalb wiederhole ich oft den Brotaufstrich vom Abend am nächsten Morgen. Und deshalb sorge ich dafür, daß sich die Zwischenmahlzeiten in nicht allzu großen Abständen wiederholen. Sie selbst können auch dafür sorgen, daß nicht allzuviel übrig bleibt. Gewöhnen Sie sich an, nur die Mengen einzukaufen, die Sie wirklich brauchen. Lassen Sie sich ruhig einmal 20 g Wurst abwiegen. Bleibt dennoch mal ein Rest, dann frieren Sie alles, was man einfrieren kann, sofort ein. Manches läßt sich auch für Ihr Betthupferl aufheben. Aber bitte genau berechnen. Es dürfen nur 100 Kalorien sein!

Entdecken Sie, was im Getreide steckt

Jede Woche einmal gibt es zum Frühstück ein Müsli aus geschroteten Weizenkörnern. Für viele sicher etwas Neues. Ich stelle mir vor, wie Sie zum ersten Mal vor der großen Tüte mit den blanken Körnern stehen. Staunend oder fragend. Glauben Sie mir: Es wird schmecken, und Sie werden Ihre Freude daran haben. Sie kennen ja schon mein Anliegen, Sie wieder mit unveränderten Naturprodukten vertraut zu machen. Eine kleine Schwierigkeit entsteht dadurch, daß die Weizenkörner in einer speziellen Mühle geschrotet werden sollen, damit nichts von den kostbaren Inhaltsstoffen verloren geht. Sie könnten sich deshalb gleich geschroteten Weizen kaufen. Die erhältlichen Mengen sind aber meist so groß, daß Sie sie sehr lange lagern würden, und dabei geht viel verloren. Auch wenn Körner-Fachleute es für eine Todsünde halten, rate ich Ihnen: Kaufen Sie den Weizen beim ersten Mal doch lieber ungeschrotet. Mahlen Sie die Menge, die für das Müsli nötig ist, ganz kurz in der Kaffeemühle. Sie muß grob eingestellt sein. Besser ein paar Körner bleiben ganz, als daß ein zu feines Mehl entsteht. Wer später ein Korn-Fan wird, kann sich ja immer noch eine Getreidemühle anschaffen. Sie ist allerdings ziemlich teuer. Oder er kann dann von vornherein geschroteten Weizen kaufen. Es wird ja mehr gegessen, und das Schrot bleibt nicht so lange liegen. Das Müsli muß jeweils am Abend vorbereitet werden.

Zusätzliche Vitamine

Durch die Auswahl der Nahrungsmittel – Säfte, Obst, Rohkost, Vollkornprodukte, eiweißreiche Produkte, die Art der Fette und so weiter – erhalten Sie während meiner Diät so viele Vitamine und Mineralstoffe, daß keine Mangelerscheinungen zu befürchten sind. Gegen ein zusätzliches Multivitaminpräparat, einmal am Tag, ist nichts einzuwenden. Es sollte dann auch alle wichtigen Mineralstoffe enthalten.
Auch gegen die zusätzliche Einnahme von Vitamin C habe ich nichts einzuwenden. Bei Infektanfälligen empfehle ich es sogar. Und zwar dreimal täglich eine Messerspitze voll Ascorbinsäure. Vom Vitamin C wird schon seit langem immer wieder gesprochen. Zur Vorbeugung und Behandlung von Erkältungskrankheiten hat es seinen festen Platz. Es vermindert aber auch generell die Anfälligkeit für viele Infektionskrankheiten. Auch bei der Frühjahrsmüdigkeit sollte man einmal an Vitamin C denken. Wir brauchen es zum Aufbau der Bindegewebssubstanzen. Die Blutungsneigung bei Vitamin-C-Mangel oder Skorbut ist auf die mangelnde Abdichtung der Gefäßwände zurückzuführen. Und in letzter Zeit

verstummen auch die Stimmen nicht mehr, die dem Vitamin C eine Rolle bei der Krebsverhütung zuschreiben.
Welche Erkenntnisse wir aber auch noch gewinnen mögen, wir sollten auf alle Fälle immer für eine ausreichende Zufuhr von Vitamin C sorgen.

Ruhe ist – auch hier – die erste Bürgerpflicht

Zum Schluß noch ein besonders wichtiger Rat: Essen Sie in Ruhe und kauen Sie gründlich. Bereiten Sie alles so vor, daß nur auf dem Tisch steht, was Sie essen dürfen. Und wenn Sie Ihre Mahlzeiten unterwegs oder in der Kantine einnehmen, machen Sie lieber einen kurzen Spaziergang als noch zu lange herumzusitzen.
Sagen Sie nicht, »man müßte« – tun Sie's.
Und das ist auch die Aufforderung, die ich nun an Sie alle richten möchte: Sagen Sie nicht, die Kühnemann-Diät müßte man mal ausprobieren, tun Sie's einfach!

Rezepte und Tips

Vor Beginn Ihrer Diät sollten Sie sich im Reformhaus oder in der Diätabteilung Ihres Supermarktes folgende Vorräte einkaufen:

Säfte für die 1. Woche:

2 kleine Flaschen (à 330 cm^3) Sauerkrautsaft, 1 kleine Flasche (à 330 cm^3) Karottensaft, 1 kleine Flasche (à 330 cm^3) Rote-Bete-Saft, 1 Flasche Grapefruitsaft, 1 Flasche Obstsaft wie z. B. Apfelsaft, Orangensaft, roter Johannisbeersaft.

Säfte für die 2. Woche:

2 kleine Flaschen (à 330 cm^3) Sauerkrautsaft, 2 kleine Flaschen (à 330 cm^3) Karottensaft, 2 kleine Flaschen (à 330 cm^3) Selleriesaft, etwas Obstsaft, eventuell Rest von der 1. Woche.

Säfte für die 3. Woche:

3 kleine Flaschen (à 330 cm^3) Sauerkrautsaft, 1 kleine Flasche (à 330 cm^3) Selleriesaft, 1 kleine Flasche (à 330 cm^3) Rote-Bete-Saft, 1 Flasche Obstsaft, am besten Grapefruitsaft, um nach dem Fastentag noch einen Rest für Montag, 3. Woche, zu haben.

Außerdem brauchen Sie:

1 Paket Leinsamen, 1 Paket Kleie, 1 Paket Agar-Agar, Süßstoff, Kräutertee, Gemüsebrühwürfel, Vollkornkekse, Kleiekekse, Vollkornhaferflocken, Weizenschrot, getrocknete Feigen, Backpflaumen, Fertigsuppen, wie z. B. Champignon-, Spargel-, Tomatensuppe, Knäckebrot, Vollkornbrot, Grahambrot, rohes Sauerkraut.

Sicher haben Sie folgende Dinge zu Hause:

Schwarzen Tee, Mineralwasser, Butter oder Margarine, Honig, Konfitüre, Kondensmilch, Rosinen, Öl, Essig, Trockenkräuter, Mehl, Gewürzgurken, Reis, Kartoffeln.

Freitag 1. Woche Obsttag = Umschalttag

½ Stunde vor dem Frühstück	1 Glas (0,2 l) Rote-Bete-Saft
Frühstück	Kaffee oder Tee, bei Bedarf Süßstoff, bis zu zwei Teelöffel Kondensmilch
	Obstsalat mit Leinsamen

Vormittags	100 bis 150 g Obst nach Jahreszeit
½ Stunde vor dem Mittagessen	¼ Apfel
Mittags	Obstsalat mit Kleie

Die Gewichtsangaben sind Anhaltswerte. Sie dürfen 3 Pfund Obst nach Ihrer Wahl und auch etwas mehr essen. Weintrauben sollten Sie wegen ihres hohen Zuckergehaltes nicht mehr als etwa 200 g verwenden und auch nicht mehr als 2 Bananen. Ich habe das Obst als Salat gegeben, um Leinsamen bzw. Kleie hinzufügen zu können. Wenn irgend möglich, bitte ich Sie, sich morgens, mittags und abends daran zu halten. Hier nun mein Vorschlag, wie Sie den Obstsalat zubereiten können:
½ Apfel mit Schale und Kerngehäuse, 60 g Trauben (8 Beeren), ½ Banane, 1 Orange in Würfel schneiden, mit Zitrone, Süßstoff und etwas Wasser übergießen, 2 Eßlöffel Leinsamen (10 g) hinzufügen, alles durchmischen.

Vormittags und nachmittags Obst nach Jahreszeit, zum Beispiel: 150 g Apfel oder 1 Apfelsine, Pfirsich, Birne, Aprikose,
oder 200 g Erdbeeren oder Himbeeren,
oder 100 g Weintrauben, Pflaumen oder Kirschen.

Bitte nicht die kleinen Happen vor dem Mittag- und Abendessen vergessen. Statt Leinsamen mittags 3 Eßlöffel Kleie zum Obstsalat geben.

Was Sie heute notieren sollten:

Gewicht:

Schlaf:

Stimmung:

Stuhlgang:

Was Ihnen noch aufgefallen ist:

Nachmittags	Obst nach Jahreszeit Kaffee oder Tee, bei Bedarf Süßstoff, bis zu zwei Teelöffel Kondensmilch
½ Stunde vor dem Abendessen	¼ Apfel
Abendessen	Obstsalat mit Leinsamen
Betthupferl	Noch so viel Obst wie nötig

Samstag 1. Woche 1. Fastentag

½ Stunde vor dem Frühstück	½ l Wasser mit Quellstoffzusatz (Agar-Lösung oder Samenschalenpulver) Siehe auch Seite 57; ¼–½ l Wasser trinken 1 Glas Sauerkrautsaft (0,2 l)
Frühstück	1 bis 2 Tassen schwarzer Tee mit je 1 TL Honig
Vormittags	1 Eiklar-Cocktail aus 1 Eiweiß, ½ Tasse Tomatensaft, etwas Pfeffer. Viel Mineralwasser und Kräutertee, mindestens 2 Gläser à 0,2 l

Denken Sie beim Abendessen daran, den Obstsalat nach Jahreszeit zu variieren, zum Beispiel statt der Orange einen Pfirsich oder eine Birne, oder statt der Trauben Kirschen. Den Leinsamen nicht vergessen!

Für das Betthupferl gelten die gleichen Empfehlungen wie vormittags und nachmittags.
Bitte nicht später als ½ Stunde vor dem Schlafengehen essen.

1–2 TL Metamucil in ½ l kaltem Wasser auflösen und sofort trinken. Oder: 1 TL Agar-Agar in etwas kaltem Wasser auflösen, mit heißem Wasser zu ½ l ergänzen. Sofort zügig trinken. Nach einer Pause noch ¼–½ l Wasser nachtrinken. Auf nüchternen Magen trinken!

Wer morgens keine Anlaufschwierigkeiten hat, kann statt schwarzem Tee auch Kräutertee trinken.

Das Eiweiß vom Dotter trennen, mit Tomatensaft verquirlen und pfeffern. Dotter nicht mit verwenden.

Was Sie heute notieren sollten:

Gewicht:

Schlaf:

Stimmung:

Stuhlgang:

½ Stunde vor dem Mittagessen	1 Glas Mineralwasser oder Kräutertee oder Quellstofflösung (Metamucil)
Mittags	1 Teller Gemüsebrühe

Früher Nachmittag	Eiklar-Cocktail aus 1 Eiweiß, ½ Tasse Tomatensaft, etwas Pfeffer
Nachmittags	1 bis 2 Tassen schwarzer Tee mit je 1 TL Honig Mindestens 2 Gläser Mineralwasser oder Kräutertee
½ Stunde vor dem Abendessen	1 Glas Mineralwasser oder Kräutertee oder Quellstofflösung (Metamucil)
Abendessen	¼ l Obstsaft
Betthupferl	Wenige Schlückchen Obstsaft, mindestens 3 Gläser Mineralwasser oder Kräutertee à 0,2 l.

Was Ihnen noch aufgefallen ist:

1 Glas ist 0,2 l. Unbedingt vor dem Mittagessen trinken.

Gemüsesaft oder Tomatensaft fertig kaufen, frische Petersilie dazugeben und 1 Teller heißmachen, oder selbst kochen.
Rezept für 2 Tage und 2 Personen:
½ Pfd. Kartoffeln mit Schale sauber bürsten, 1 Karotte (70 g), 1 kleine Stange Lauch (100 g), 1 Tomate (100 g), ½ Sellerieknolle (150 g), 1 l Wasser, 1½ Gemüsebrühwürfel (15 g), etwas Petersilienwurzel (15 g), Majoran, Oregano, Liebstöckel, Kerbel nach Geschmack. Alles zusammen im Dampftopf kochen. Durchpassieren. Die Suppe muß flüssig sein, es darf nichts Festes gegessen werden. Reichlich frische Petersilie dazugeben. Die Gemüsebrühe bitte nicht trinken, sondern aus dem Teller löffeln. 1 Teller = ¼ Liter.

Das Eiweiß mit Tomatensaft verquirlen und pfeffern.

Den schwarzen Tee bitte bis 16.00 Uhr trinken. Danach nur noch Kräutertee oder Wasser.

Obstsaft schlückchenweise genießen.
Am besten frisch gepreßter Saft, sonst sind alle nicht zu süßen Säfte erlaubt, z. B. Apfelsaft, Orangensaft oder roter Johannisbeer-Saft (bitte kein Trauben-, Pflaumen- oder Aprikosensaft u. ä.)

Weiterhin soviel wie möglich trinken. Es dämpft eventuell aufkommende Hungergefühle.

Sonntag 1. Woche 2. Fastentag

½ Stunde vor dem Frühstück	½ l Wasser mit Quellstoffzusatz (Agar-Lösung oder Samenschalenpulver); ¼–½ l Wasser trinken 1 Glas Sauerkrautsaft (0,2 l)
Frühstück	1 bis 2 Tassen schwarzer Tee mit je 1 TL Honig
Vormittags	Eiklar-Cocktail aus 1 Eiweiß, ½ Tasse Tomatensaft, Pfeffer. Viel Mineralwasser und Kräutertee, mindestens 2 Gläser
½ Stunde vor dem Mittagessen	1 Glas Mineralwasser oder Kräutertee oder Quellstofflösung
Mittags	1 Teller Gemüsebrühe
Früher Nachmittag	Eiklar-Cocktail aus 1 Eiweiß, ½ Tasse Tomatensaft, Pfeffer
Nachmittags	1 bis 2 Tassen schwarzer Tee mit je 1 TL Honig
½ Stunde vor dem Abendessen	1 Glas Mineralwasser oder Kräutertee oder Quellstofflösung
Abendessen	¼ l Obstsaft
Betthupferl	Wenige Schlückchen Obstsaft, mindesten 3 Gläser Mineralwasser oder Kräutertee à 0,2 l. 1 Feige in Wasser einweichen für den nächsten Tag.

Die Metamucil- oder Agar-Lösung und das Wasser zügig trinken (Anleitung wie gestern). Den Sauerkrautsaft anschließend, wenn das Völlegefühl abgeklungen ist.

Den Tee nicht im Stehen trinken, in Ruhe hinsetzen.

Das Eiweiß mit dem Tomatensaft verquirlen und pfeffern. Wann immer ein Hungergefühl aufkommen will, trinken!

Bitte die Flüssigkeit hier nicht weglassen.

Gemüsebrühe wie gestern. Zum Essen hinsetzen. Langsam genießen.

Das Eiweiß mit Tomatensaft verquirlen und pfeffern.

Schwarzer Tee nicht nach 16.00 Uhr. Freuen Sie sich auf den Honig. Viel Mineralwasser oder Kräutertee trinken.

Schlückchenweise trinken zur gewohnten Abendessenszeit.

Nur falls Hungergefühle aufkommen, einige Schlückchen Obstsaft. Sonst reichlich Wasser oder Kräutertee. (Malve beruhigt.)

Was Sie heute notieren sollten:

Gewicht:

Schlaf:

Stimmung:

Stuhlgang:

Was Ihnen noch aufgefallen ist:

Montag 1. Woche Nachfastentag

		Joule/Kal.	E	F	K
½ Stunde vor dem Frühstück	½ l Wasser mit Quellstoffzusatz ¼–½ l Wasser trinken 1 Glas Sauerkrautsaft (0,2 l)	125/ 30	–	–	4
Frühstück	1 bis 2 Tassen schwarzer Tee mit je 1 TL Honig (10 g)	127/ 30,5	–	–	8,1
	1 Apfel (100 g)	230/ 55	–	–	12
	1 eingeweichte Feige (10 g)	113/ 27	–	–	6,1
Vormittags	1 Scheibe Knäckebrot	159/ 38,3	1	1	7,7
	Kräutertee oder Mineralwasser, mindestens 2 Gläser à 0,2 l				
½ Stunde vor dem Mittagessen	1 Glas Mineralwasser oder Kräutertee oder Quellstofflösung				
Mittags	1 Teller Cremesuppe,	272/ 65	1	3	7
	1 Eiweiß,	71/ 17	3,5	0,1	0,2
	Schnittlauch oder Petersilie				
Nachmittags	1 bis 2 Tassen schwarzer Tee mit je 1 TL Honig	127/ 30,5	–	–	8,1
	1 Vollkornkeks	167/ 40	2	1	6
½ Stunde vor dem Abendessen	1 kleine Karotte (50 g)	73/ 17,5	0,5	–	3,5

(E = Eiweiß, F = Fett, K = Kohlenhydrate in Gramm)

Wer nicht mehr auf seinen Kaffee verzichten möchte, darf nötigenfalls statt Tee auch Kaffee trinken, mit je 1 TL Kondensmilch (10,8 Kal.) und Süßstoff nach Bedarf.
Den Apfel sehr langsam und gründlich kauen.

Am besten eine Fertigsuppe verwenden, zum Beispiel Champignonsuppe, Steinpilzsuppe, Spargelsuppe.
Die Suppe mit dem vom Dotter getrennten Eiweiß (Dotter nicht verwenden!) verquirlen, mit Kräutern würzen.

Was Sie heute notieren sollten:

Gewicht:

Schlaf:

Stimmung:

Stuhlgang:

Was Ihnen noch aufgefallen ist:

Abendessen	1 Teller Cremesuppe, frischer Schnittlauch oder Petersilie	272/	65	1	3	7
Betthupferl	1 fettarmer Joghurt (150 g)	313/	75	2	–	3
	+ 2 Eßlöffel Leinsamen (10 g)	175/	42	1,9	3,1	1,3
		2230/	533	13,3	11,2	74,0

Dienstag 1. Woche

		Joule/Kal.		E	F	K
½ Stunde vor dem Frühstück	1 Glas Grapefruitsaft (0,2 l)	292/	70	2	–	20
Frühstück	Kaffee od. Tee, bei Bedarf m. Süßstoff und 1–2 TL Kondensmilch	45/	10,8	0,5	0,7	1
	1 Scheibe Vollkornbrot (50 g)	535/	128	3,5	0,5	23
	1 Msp. Butter od. Margarine (2,5 g)	79/	19	–	2	–
	1 kl. Tomate (100 g), Schnittlauch	79/	19	1	–	3
	1 dünne Scheibe 20%-iger Käse (20 g)	171/	41	5	1,8	0,2
	od. ½ dünne Scheibe 40%igen Schnittkäse z. B. Edamer (10 g)	(142/	34	2,6	2,4	0,4)

Die gleiche oder eine ähnliche Suppe wie mittags.

Den ganzen Tag über noch bewußt viel trinken.

Was Sie heute notieren sollten:

Gewicht:

Schlaf:

Stimmung:

Stuhlgang:

½ Scheibe Brot mit Tomate und Schnittlauch belegen, ½ Scheibe mit Käse.

Vormittags	1 kl. Glas Buttermilch (0,1 l)	167/	40	3,5	0,5	3
	1 EL Kleie (3 g)	45/	10,8	0,5	–	1,5
½ Stunde vor dem Mittagessen	3 Gabeln rohes Sauerkraut (50 g)	54/	13	1	–	2
Mittags	Paprikaschoten,	175/	42	0,5	–	5
	mit Kartoffelbrei gefüllt	313/	75	3	–	18
	und mit Käse überbacken	125/	30	1,5	1	–
	(Kalorienangaben pro Person)					
	Nachtisch:	230/	54	1	–	9
	Orangen mit Joghurt	157/	37,5	1	–	1,5

Nachmittags	1 Vollkornkeks	167/	40	2	1	6
	Bei Bedarf Kaffee oder Tee mit Süßstoff und 1–2 TL Kondensmilch	45/	10,8	0,5	0,7	1
½ Stunde vor dem Abendessen	1 kl. Karotte (50 g)	73/	17,5	0,5	–	3,5

Kleie mit der Buttermilch verrühren.

Was Ihnen noch aufgefallen ist:

Sauerkraut gründlich kauen.

Rezept: 2–4 grüne Paprikaschoten gründlich waschen, Deckel abheben, entkernen (eßbarer Anteil 300 g = 84 Kal.), im Dampftopf vorgaren. 1 Portion Kartoffelfertigbrei (150 Kal.) zubereiten, vorgegarte Paprikaschoten mit dem Kartoffelbrei füllen. Die Deckel nicht aufsetzen, sondern auch mit wenig Kartoffelbrei füllen, 1 EL geriebenen Parmesankäse (15 g = 60 Kal.) darüber verteilen, im Backofen überbacken. Diese Menge ist reichlich bemessen. Lassen Sie stehen, was Sie nicht mehr schaffen. (Rezept für 2 Personen).
Rezept für Kartoffelbrei – selbstgemacht – und für 2 Personen:
200 g Kartoffeln kochen, abziehen, mit ¼ Tasse Milch (1,5 % Fett) und 2,5 g Butter oder Margarine zu Brei verarbeiten. Erst bei Tisch etwas nachsalzen. (127 Kal., für 1 Person 63,5 Kal.)
Nachtisch: 100 g Orangen in kleine Würfel schneiden, ½ fettarmen Joghurt darübergeben, mit Zitronensaft und Süßstoff vermischen.

Abendessen	Feldsalat	37/ 8,8	0,5	–	1
	in Senfdressing (40 g)	20/ 5,0	–	–	–
	1 Scheibe Grahambrot	418/ 100	3	–	19
	3 dünne Scheiben Lachsschinken (20 g)	120/ 28,8	5	1,4	–
	1 Msp. Butter oder Margarine (2,5 g)	79/ 19	–	2	–
	1 Scheibe Käse 20%ig (20 g)	171/ 41	5	1,8	0,2
Betthupferl	100 Kalorien zur freien Wahl	418/ 100	–	–	–
		4163/ 961	40,5	13,4	117,9

Mittwoch 1. Woche

		Joule/Kal.	E	F	K
½ Stunde vor dem Frühstück	1 Glas Grapefruitsaft (0,2 l)	292/ 70	–	–	20
Frühstück	1–2 Tassen Kaffee od. Tee, bei Bedarf Süßstoff u. 1–2 TL Kondensmilch	45/ 10,8	0,5	0,7	1
	1 Scheibe Vollkornbrot (50 g)	535/ 128	3,5	0,5	23
	½ Banane	244/ 58,9	0,5	–	10
Vormittags	2 EL gekörnter Frischkäse (50 g)	196/ 47	6,7	1	0,5
	1 EL Kleie (3 g)	45/ 10,8	0,5	–	1,5
½ Stunde vor dem Mittagessen	3 Gabeln Sauerkraut (50 g)	54/ 13	1	–	2

Senfdressing für Feldsalat:
1 Teelöffel Senf mit etwas Wasser, Salz und Pfeffer anrühren, über den geputzten Salat (40 g) gießen. durchmischen.

Was Sie heute notieren sollten:

Kein Fett. Die Banane in Scheiben schneiden und auf das Brot legen.

Gewicht:

Schlaf:

Stimmung:

Die Kleie mit 1 bis 2 TL Wasser unter den Frischkäse rühren.

Stuhlgang:

Das Sauerkraut gründlich kauen.

Mittags	Gut ¼ Brathuhn (200 g)	920/	220	46	–	–
	Chicorée-Apfel-Salat in Joghurt-Dressing:					
	1 kleiner Apfel (100 g) ungeschält	230/	55	–	–	12
	150 g Chicorée	100/	24	1,5	–	3
	½ fettarmer Joghurt	157/	37,5	1	–	1,5
	Zitrone und Süßstoff					
Nachmittags	1 kl. Glas Buttermilch (0,1 l)	167/	40	3,5	0,5	3
	1 EL Kleie (3 g)	45/	10,8	0,5	–	1,5
½ Stunde vor dem Abendessen	1 kl. Karotte (50 g)	73/	17,5	0,5	–	3,5
Abendessen	100 g Chicoréesalat mit Süßstoff und Zitrone	70/	16	1	–	2
	1 Scheibe Toast	271/	65	2	–	15
	1 Msp. Butter od. Margarine (2,5 g)	79/	19	–	2	–
	1 Scheibe Schnittkäse 20%ig (20 g)	171/	41	5	1,8	0,2
	od. ½ Scheibe Schnittkäse 40%ig (10 g) z. B. Edamer	(142/	34	2,6	2,4	0,4)
	4 kl. Scheiben Geflügelwurst (30 g)	200/	48	5	2,5	–
	1 Gewürzgurke (50 g)	41/	10	–	–	1
Betthupferl	100 Kalorien zur freien Wahl	418/	100			
		4360/	1042	77,7	11	100,7

2 EL Weizenkörner (30 g) in der Kaffeemühle nicht zu fein schroten, in einer halben Tasse Wasser einweichen, 2 TL Rosinen (10 g) hinzugeben, über Nacht für den nächsten Tag stehen lassen.

Zubereitung des Chicorée-Apfel-Salates:
Den kleinen Apfel mit Schale und Kerngehäuse in Würfel schneiden, Chicorée in Streifen schneiden, den halben Joghurt mit Zitrone und Süßstoff abschmecken, alles miteinander vermischen.

Was Ihnen noch aufgefallen ist:

Buttermilch mit der Kleie verrühren. Schlückchenweise trinken.

Salat bitte ohne Öl, nur mit Süßstoff und Zitrone anmachen.

Nicht vergessen, das Weizenschrot mit den Rosinen einzuweichen.

Donnerstag 1. Woche

		Joule/Kal.	E	F	K
½ Stunde vor dem Frühstück	1 Glas Karottensaft (0,2 l)	292/ 70	2	–	12
Frühstück	1–2 Tasssen Kaffee oder Tee (Süßstoff und 1–2 TL Kondensmilch)	45/ 10,8	0,5	0,7	1
	Müsli aus Weizenschrot (30 g)	439/ 105	3	–	21
	2 TL Rosinen (10 g)	125/ 30	0,3	–	6,4
	½ Apfel (70 g)	186/ 38,5	–	–	8,4
	½ Tasse Milch (1,5 %ig)	154/ 36,8	2	1	4
Vormittags	2 EL gekörnter Frischkäse (50 g)	196/ 47	6,7	1	0,5
	1 EL Kleie (3 g)	45/ 10,8	0,5	–	1,5
½ Stunde vor dem Mittagessen	3 Gabeln Sauerkraut (50 g)	54/ 13	1	–	2
Mittags	150 g Kalbsschnitzel nature	677/ 162	31	3	–
	1 TL Öl (3 g)	115/ 27,6	–	3	–
	1 Kartoffel (100 g)	364/ 87	2	–	19
	Gurkensalat (200 g) in Dill	83/ 20	2	–	2
	1 TL Öl (3 g)	115/ 27,6	–	3	–
	50 g Magerquark	171/ 41	8	0,2	1
	1–2 Tassen Kaffee oder Tee (Süßstoff u. 1–2 TL Kondensmilch)	45/ 10,8	0,5	0,7	1
Nachmittags	2 süße Kleiekekse (10 g)	173/ 41,4	2	1	6
½ Stunde vor dem Abendessen	1 kleine Karotte (50 g)	73/ 17,5	0,5	–	3,5

Den halben Apfel mit Schale und Kernen reiben, zu dem eingeweichten Müsli geben. $\frac{1}{2}$ Tasse Milch heißmachen. Alles gut durchmischen.

Was Sie heute notieren sollten:

Gewicht:

Schlaf:

Stimmung:

Frischkäse mit der Kleie und 1–2 TL Wasser vermischen.

Stuhlgang:

Sauerkraut gründlich kauen.

Was Ihnen noch aufgefallen ist:

Das Kalbsschnitzel grillen oder mit 1 TL Öl in der Pfanne braten. Die Kartoffel mit der Schale im Dampftopf garen. Den Magerquark mit Wasser, Salz, Pfeffer, etwas gehackter Zwiebel und frischem Schnittlauch anrühren, beim Essen über die Kartoffel geben. Die Gurke mit Schale verwenden. Den Salat mit einem TL Öl, Essig, Dill und etwas Salz anmachen. (Gut durchziehen lassen!)

Abendessen	1 Scheibe Grahambrot (40 g)	418/ 100	3	–	19
	1 Msp. Butter od. Margarine (2,5 g)	79/ 19	–	2	–
	4 kl. Scheiben Geflügelwurst (30 g)	200/ 48	5	2,5	–
	1 Scheibe Käse 20 %ig (20 g)	171/ 41	5	1,8	0,2
	100 g frische Gurke	42/ 10	1	–	1
Betthupferl	100 Kalorien frei nach Wunsch	418/ 100			
		4665/ 1115	76,0	19,9	109,5

Freitag 2. Woche Gemäßigter Obsttag

		Joule/Kal.	E	F	K
½ Stunde vor dem Frühstück	1 Glas Karottensaft (0,2 l)	292/ 70	2	–	12
Frühstück	1–2 Tassen Kaffee oder Tee (Süßstoff u. 1–2 TL Kondensmilch)	45/ 10,8	0,5	0,7	1
	Obstsalat aus:				
	1 Apfelsine (150 g)	334/ 80	1,5	–	13,5
	1 kleiner Apfel (100 g)	230/ 55	–	–	12
	½ Banane (60 g)	244/ 58,4	0,5	–	10
	2 EL Leinsamen (10 g)	175/ 42	2	3	1,5
	Zitronensaft und Süßstoff				

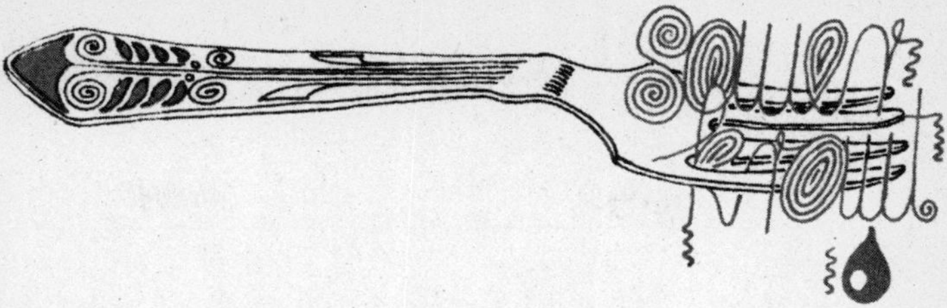

Bitte nicht mit Flüssigkeit sparen, genügend trinken, Mineralwasser und Kräutertee.
Säfte müßten berechnet werden und gehen von Ihrem Betthupferl ab. Für Alkohol gilt selbstverständlich das gleiche. Wenn überhaupt, heben Sie ihn sich fürs Betthupferl auf. Bei den wenigen Kalorien ist er tagsüber ohnehin zu gefährlich.

Damit wir uns zwischendurch erinnern, daß wir vieles anders machen wollen und daß nächste Woche noch einmal gefastet wird, legen wir den Obsttag ein.

Den Apfel bitte ungeschält und mit Kerngehäuse verwenden. Ungespritztes Obst kaufen und immer gründlich reinigen. Leinsamen unter den Salat mischen und mit Zitrone und Süßstoff abschmecken.

Was Sie heute notieren sollten:

Gewicht:

Schlaf:

Stimmung:

Vormittags	100 g Apfelsine oder Apfel oder ½ Banane oder Aprikosen oder Pfirsich oder	250/	60			
	150 g Erdbeeren oder 125 g Himbeeren	230/	50	1	–	10
½ Stunde vor dem Mittagessen	Einige Bissen Obst	83/	20	–	–	3
Mittags	Obstsalat wie beim Frühstück	334/	80	1,5	–	13,5
	mit 3 EL Kleie statt Leinsamen	230/	55	–	–	12
		244/	58,4	0,5	–	10
		135/	32,4	1,5	–	4,5
Nachmittags	½ Banane (60 g)	244/	58,4	0,5	–	10
½ Stunde vor dem Abendessen	Einige Bissen Obst	83/	20	–	–	ca. 3
Abendessen	1 Teller klare Gemüsebrühe mit Schnittlauch (¼ l)	41/	10	–	–	–
	1 Scheibe Toast	271/	65	2	–	15
	½ Scheibe Grahambrot	209/	50	1,5	–	9,5
	1 Scheibe Käse 20%ig (20 g)	171/	41	5	1,8	0,2
	oder ½ Scheibe Käse 40%ig (10 g)	(142/	34	2,6	2,4	0,4)
	2 Scheiben Putenwurst (20 g)	133/	32	3,5	1,6	–

Die Menge entspricht etwa einem viertel Apfel oder Apfelsine.

Der Obstsalat ist in dieser Weise nur ein Vorschlag. Bitte richten Sie sich nach der Jahreszeit, aber nicht auf Kleie oder Leinsamen verzichten.

Denken Sie bitte wieder daran, daß aufkommendes Hungergefühl leicht zu bekämpfen ist, wenn Sie ein paar Schluck Mineralwasser trinken.
Wie immer sollten Sie, auch besonders heute, nicht mit Flüssigkeit sparen, aber ohne Kalorien.

Stuhlgang:

Was Ihnen noch aufgefallen ist:

Einkaufstip:
Denken Sie bei Ihrem heutigen Einkauf daran, daß das Wochenende kommt und Ihre Vorräte bis Montag reichen müssen. Haben Sie noch Sauerkraut?

		Joule/Kal.	E	F	K
Betthupferl	100 Kalorien zur freien Wahl	418/ 100			
		4177/ 998,4	23,5	10,1	140,2

3 Backpflaumen für den nächsten Tag in Wasser einweichen.

Samstag 2. Woche

		Joule/Kal.	E	F	K
½ Stunde vor dem Frühstück	½ l Agar-Lösung und ¼–½ l heißes Wasser				
	1 Glas Karottensaft mit Sauerkrautsaft gemischt (0,2 l)	230/ 55	1	–	8
Frühstück	1–2 Tassen Kaffee oder Tee (Süßstoff und 1–2 TL Kondensmilch)	45/ 10,8	0,5	0,7	1
	1 Semmel (45 g)	523/ 125	3	0,5	26
	1 Ecke Camembert 45 %ig (20 g)	(251/ 60	5	6	0,6)
	oder 30 %ig (20 g)	188/ 45	4,5	2,5	0,4
	1 TL Konfitüre (8 g)	83/ 20	–	–	6
	1 Msp. Butter oder Margarine (2,5 g)	79/ 19	–	2	–
Vormittags	3 eingeweichte Pflaumen	125/ 30	–	–	6
	2 süße Kleiekekse	173/ 41,4	2	1	6
½ Stunde vor dem Mittagessen	3 Gabeln Sauerkraut (50 g)	54/ 13	1	–	2

1 Teelöffel Agar-Agar in wenig kaltem Wasser auflösen. Mit heißem Wasser auf ½ l auffüllen. Sofort zügig auf nüchternen Magen trinken. Noch soviel heißes Wasser wie möglich nachtrinken. Wenn das erste Völlegefühl abgeklungen ist, auch den gemischten Karotten-Sauerkrautsaft trinken.

Den 45%igen Käse habe ich für diejenigen gedacht, denen die geringerprozentigen Käse nicht schmecken. Beim 30%igen Käse hätte man aber schon wieder Kalorien gespart, und Sie werden sich wundern, er schmeckt Ihnen jetzt viel besser als früher.

Was Sie heute notieren sollten:

Gewicht:

Schlaf:

Stimmung:

Stuhlgang:

Was Ihnen noch aufgefallen ist:

Mittags	Gemischter Salat:					
	½ Portion Kopfsalat (30 g)	20/	5	–	–	–
	1 Portion Chicorée (50 g)	33/	8	0,5	–	1
	½ Gurke (80 g)	33/	8	0,6	–	0,6
	1 TL Öl (3 g)	115/	27,6	–	3	–
	Gewürzessig und etwas Salz					
	Omelett mit Champignons:					
	1 Ei	355/	85	7	6	–
	1 EL Mehl	150/	36	–	–	8
	1 EL Magerquark (30 g)	104/	25	5	0,1	0,6
	1 Schuß Mineralwasser mit Kohlensäure					
	1 TL Öl (3 g)	115/	27,6	–	3	–
	100 g Champignons	100/	24	3	–	4
	Nachtisch:					
	2 EL Magerquark (40 g)	138/	33	6,8	0,2	0,8
	100 g Himbeeren	167/	40	1	–	8
	Zitrone und Süßstoff					
Nachmittags	1 Glas Buttermilch (0,1 l)	167/	40	3,5	0,5	3
	1 EL Kleie	45/	10,8	0,5	–	1,5
½ Stunde vor dem Abendessen	1 kleine Karotte (50 g)	73/	17,5	0,5	–	3,5
Abendessen	1 Scheibe Vollkornbrot (50 g)	535/	128	3,5	0,5	23
	1 Msp. Butter oder Margarine (2,5 g)	79/	19	–	2	–
	3 dünne Scheiben Truthahnbrust (40 g)	194/	46,4	9	1,6	0,2
	100 g Tomate	79/	19	1	–	3
	1 Ecke Camembert 30%ig (20 g)	188/	45	4,5	2,5	0,4

Salat waschen, schneiden, die Gurke mit der Schale, mit Essig, Öl, Salz und Kräutern nach Geschmack anmachen.

Rezept für das Omlett:

Ei, Mehl, Quark mit einem Schuß Selterswasser verrühren, in 1 TL Öl ausbacken, Champignons in gesondertem Topf heißmachen, abtropfen lassen, auf das Omelett legen und mit Petersilie bestreuen.

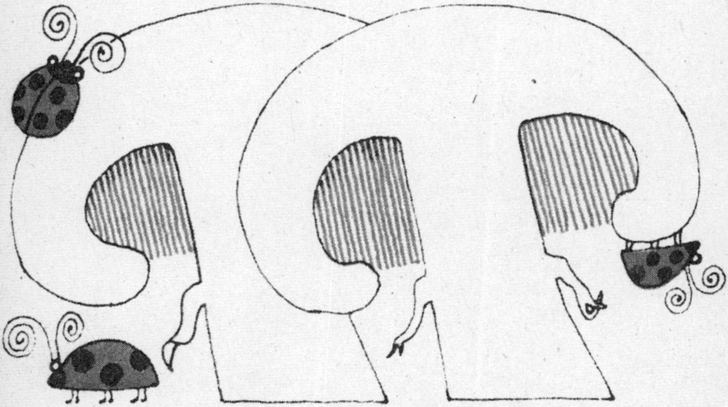

Die Scheibe Brot teilen, eine Hälfte mit der Truthahnbrust belegen, mit der Tomate garnieren. Die andere Brothälfte mit dem Käse essen.

		Joule/Kal.		E	F	K
Betthupferl	100 Kalorien zur freien Wahl	418/	100			
		4619/	1104	58,4	26,8	113,4

4 EL Vollkornhaferflocken (20 g), 2 TL Rosinen (10 g), mit ½ Tasse Wasser einweichen, über Nacht stehen lassen.

Sonntag 2. Woche

		Joule/Kal.		E	F	K
½ Stunde vor dem Frühstück	1 Glas Karottensaft und Sauerkrautsaft gemischt (0,2 l)	230/	55	1	–	8
Frühstück	1–2 Tassen Kaffee oder Tee (Süßstoff und 1–2 TL Kondensmilch)	45/	10,8	0,5	0,7	1
	Müsli:					
	4 EL Vollkornhaferflocken (20 g)	337/	80,6	2,8	1,4	13,2
	2 TL Rosinen (10 g)	125/	30	0,3	–	6,4
	½ kleiner Apfel (50 g)	108/	26	–	–	6
	½ Tasse Milch (1,5 %ig)	154/	36,8	2	1	4
	1 EL ger. oder gehackte Haselnüsse (5 g)	144/	34,5	0,7	3,1	0,6
Vormittags	2 EL gekörnter Frischkäse (50 g)	196/	47	6,7	1	0,5
	1 EL Kleie (3 g)	45/	10,8	0,5	–	1,5
½ Stunde vor dem Mittagessen	3 Gabeln Sauerkraut (50 g)	54/	13	1	–	2

Nicht vergessen, die Vollkornhaferflocken mit den Rosinen einzuweichen.

Was Sie heute notieren sollten:

Gewicht:

Das Apfelstück mit Schale und Kern reiben, zu den eingeweichten Vollkornhaferflocken und Rosinen geben. Die Haselnüsse hinzufügen. ½ Tasse Milch heißmachen. Alles gut durchmischen.

Schlaf:

Stimmung:

Stuhlgang:

Was Ihnen noch aufgefallen ist:

Den Frischkäse mit der Kleie und 1–2 TL Wasser verrühren.

Mittags	Blumenkohl überbacken mit Fleischkäse und Salat:					
	150 g Blumenkohl	175/	42	4,5	–	6
	2,5 g Öl	115/	27,6	–	3	–
	1 EL Semmelbrösel	83/	20	6,8	–	4
	60 g Fleischkäse	794/	189,9	7,8	17,4	–
	1 TL Öl (3 g)	115/	27,6	–	3	–
	40 g Kopfsalat	28/	6,8	–	–	–
	40 g grüne Paprika	46/	11,2	0,4	–	2
	1 TL Senf	20/	5	–	–	–
	Nachtisch:					
	1 knapp gestr. TL Agar-Agar					
	½ Tasse Apfelsaft (60 cm³)	115/	27,6	–	–	5
	Zitronensaft, Süßstoff mit	12/	3	–	–	1
	Wasser	zu				
	½ Orange (50 g)	112/	27	–	–	4,5
Nachmittags	Kaffee oder Tee (Süßstoff, 1–2 TL Kondensmilch)	45/	10,8	0,5	0,7	1
	1 dünnes (!) Stück Sandkuchen (45 g)	377/	90	3	2	20
½ Stunde vor dem Abendessen	1 kleine Karotte (50 g)	73/	17,5	0,5	–	3,5

Blumenkohl in Salzwasser reinigen lassen, im Dampftopf vorgaren, abtropfen lassen, mit dem Öl bestreichen und mit 1 EL Semmelbröseln bestreuen, in der Röhre überbacken. Kochwasser und Kohlblätter für den nächsten Tag aufheben, auch eventuell verbleibende Blumenkohlröschen. Den Fleischkäse in der Pfanne mit 1 TL Öl braten.

Kopfsalat und geschnittene Paprika mit dem Senfdressing übergießen und vermischen. Senfdressing: 1 TL Senf mit etwas Wasser und Salz verrühren.

Apfelsinen-Gelee:
½ Tasse Apfelsaft mit Zitronensaft und Wasser zu einer ¾ Tasse auffüllen. Den knapp gestrichenen Teelöffel Agar-Agar mit etwas Flüssigkeit anrühren, den Rest Flüssigkeit hinzufügen, etwa 10 Minuten erhitzen (nicht kochen). Apfelsine in kleine Stückchen schneiden, in eine Schale geben, mit der Flüssigkeit übergießen und kalt stellen. Falls Ihnen die Menge zu reichlich ist, den Rest fürs Betthupferl aufbewahren.
Wem das Agar-Gelee nicht zusagt, der kann auch Gelatine verwenden. Allerdings: 1 Blatt Gelatine = 2 Gramm = 7 Kalorien.

Guten Appetit! Essen Sie Ihren Kuchen langsam, genießen Sie.

Abendessen	2 Scheiben Knäckebrot	334/ 80	2	2	15,4
	2 Msp. magere Kalbsleberwurst (10 g)	125/ 30	1	4	–
	1 Stückchen Gewürzgurke (30 g)	31/ 7,5	–	–	0,7
	1 Eckchen Camembert 30%ig (30 g)	284/ 68	6,6	3,9	0,6
Betthupferl	100 Kalorien zur freien Wahl	418/ 100			
		4648/ 1111	43,6	43,2	98,9

Montag 2. Woche

		Joule/Kal.	E	F	K
½ Stunde vor dem Frühstück	1 Glas (0,2 l) Sauerkrautsaft	125/ 30	–	–	4
Frühstück	Kaffee oder Tee, bei Bedarf mit Süßstoff und 1–2 TL Kondensmilch	45/ 10,8	0,5	0,7	1
	1 Scheibe Vollkornbrot (50 g)	535/ 128	3,5	0,5	23
	1 Msp. Butter oder Margarine (2,5 g)	79/ 19	–	2	–
	1 Msp. magere Kalbsleberwurst (5 g)	63/ 15	0,5	2	–
	½ Scheibe Schnittkäse 40%ig (10 g)	(142/ 34	2,6	2,4	0,4)
	oder 1 Scheibe Schnittkäse 20%ig (20 g)	171/ 41	5	1,8	0,2

Ich habe versucht, Ihnen den Sonntag angenehm zu gestalten. Sie müßten sich wohl fühlen.

Nicht vergessen, den Saft gleich nach dem Aufstehen zügig zu trinken.

Brot teilen. Eine Hälfte für die Kalbsleberwurst ohne Streichfett lassen, das Fett nur auf die andere Hälfte mit dem Käse geben.

Was Sie heute notieren sollten:

Gewicht:

Schlaf:

Stimmung:

Stuhlgang:

Vormittags	1 Vollkornkeks	167/ 40	2	1	6
	1 kleiner Apfel (100 g)	230/ 55	–	–	12
½ Stunde vor dem Mittagessen	3 Gabeln Sauerkraut (50 g)	54/ 13	1	–	2
Mittags	Gemüsetopf: ungefähr 300 g versch. Gemüse, z. B.: Kal. Kohlblätter (60 g) 18 Lauch (60 g) 20 Sellerie (50 g) 19 Karotten (50 g) 17 Kartoffeln (50 g) 43 Blumenkohl (50 g) 14 Peters.-Wurzel (7 g) 1 1 Gemüsebrühe-würfel 30	679/ 162	9	1	25
	¼ l Wasser frische Petersilie Nachspeise Früchte-quark:				
	2 EL Magerquark (40 g)	138/ 33	6,8	0,2	0,8
	100 g Weintrauben oder anderes Obst nach Wahl	301/ 72	–	0,5	17
	Zitrone, Süßstoff und Wasser				
Nachmittags	1 kleines Glas Butter-milch (0,1 l)	167/ 40	3,5	0,5	3
	1 EL Kleie (3 g)	45/ 10,8	0,5	–	1,5
½ Stunde vor dem Abendessen	1 Karotte (50 g)	73/ 17,5	0,5	–	3,5
Abendessen	1 Scheibe Grahambrot (40 g)	418/ 100	3	–	19
	1 Msp. Margarine (2,5 g)	79/ 19	–	2	–

Was Ihnen noch aufgefallen ist:

Die Gemüsesorten und Mengenangaben sind ein Vorschlag. Sie können nach Belieben variieren, wenn Sie die Gesamtmenge und auch die Gesamtkalorienzahl nicht wesentlich überschreiten.
Das Gemüse putzen. Die Mengenangaben beziehen sich auf den eßbaren Anteil. Die Kartoffeln mit der Schale verwenden. $\frac{1}{4}$ Liter Wasser und 1 Gemüsebrühewürfel zugeben, im Dampftopf garen. Vor dem Essen mit reichlich frischer Petersilie bestreuen.

Nachspeise:
Quark mit Wasser, Süßstoff und Zitrone abschmecken, cremig rühren, Trauben untermischen.

Rindertatar mit Pfeffer, Salz, eventuell kleinen Gurkenstückchen anmachen, kein Ei oder Öl verwenden.

	Rindertatar (80 g)	435/ 104	16,8	3,0	–
	1 Tomate (100 g)	79/ 19	1	–	3
Betthupferl	100 Kalorien zur freien Wahl	418/ 100			
		4305/ 1029	53,6	15,2	121

Dienstag 2. Woche

		Joule/Kal.	E	F	K
½ Stunde vor dem Frühstück	1 Glas Selleriesaft (0,2 l)	251/ 60	2	–	12
Frühstück	1–2 Tassen Kaffee oder Tee bei Bedarf Süßstoff u. 1–2 TL Kondensmilch	45/ 10,8	0,5	0,7	1
	½ Scheibe Grahambrot (20 g)	209/ 50	1,5	–	8,5
	1 Scheibe Toast	271/ 65	2	–	15
	2 EL Magerquark (40 g)	138/ 33	6,8	0,2	0,8
	1 TL Marmelade (8 g)	83/ 20	–	–	6
Vormittags	1 Vollkornkeks	167/ 40	2	1	6
	1 Scheibe Käse 20%ig (20 g)	171/ 41	5	1,8	0,2
	oder ½ Scheibe Käse 40%ig (10 g)	(142/ 34	2,6	2,4	0,4)
½ Stunde vor dem Mittagessen	3 Gabeln Sauerkraut (50 g)	54/ 13	1	–	2
Mittags	Brathähnchen (200 g = gut ¼)	920/ 220	46	2	–
	Kopfsalat (30 g)	21/ 5	0,2	–	0,8

Nach Geschmack können Sie die Marmelade auf den Quark geben oder sich Kräuterquark bereiten.

Was Sie heute notieren sollten:

Gewicht:

Schlaf:

Stimmung:

	1 Portion Chicorée-salat (100 g)	70/ 16	1	–	2
	1 TL Öl (3 g)	115/ 27,6	–	3	–
	Essig und Salz				
	Nachtisch: 1 kleiner Apfel (100 g)	230/ 55	–	–	12
Nachmittags	2 EL gekörnter Frischkäse (50 g)	196/ 47	6,7	1	0,5
	1 EL Kleie (3 g)	45/ 10,8	0,5	–	1,5
½ Stunde vor dem Abendessen	1 Karotte (50 g)	73/ 17,5	0,5	–	3,5
Abendessen	1 Scheibe Grahambrot (40 g)	418/ 100	3	–	19
	Hähnchen, ca. 50 g	251/ 60	11	0,5	–
	½ kleine Banane (50 g)	188/ 45	0,5	–	10
Betthupferl	100 Kalorien zur freien Wahl	418/ 100			
		4338/ 1037	90,2	10,2	100,8

2 EL geschroteten Weizen (30 g) und 2 TL Rosinen (10 g) in einer halben Tasse Wasser für den nächsten Tag einweichen.

Stuhlgang:

Was Ihnen noch aufgefallen ist:

Das Brot teilen. Die eine Hälfte mit dem Huhn essen, die andere Hälfte mit der in Scheiben geschnittenen Banane belegen.

Nicht vergessen, das Müsli für den nächsten Tag vorzubereiten.

Mittwoch 2. Woche

		Joule/Kal.	E	F	K
½ Stunde vor dem Frühstück	1 Glas Selleriesaft (0,2 l)	251/ 60	2	–	12
Frühstück	1–2 Tassen Kaffee oder Tee (bei Bedarf mit Süßstoff und 1–2 TL Kondensmilch)	45/ 10,8	0,5	0,7	1
	vorbereitetes Müsli:				
	Weizenschrot (30 g)	439/ 105	3	–	21
	2 TL Rosinen (10 g)	125/ 30	0,3	–	6,4
	1 kleiner geriebener Apfel (100 g)	230/ 55	–	–	12
	½ Tasse heiße Milch (1,5 %ige)	154/ 36,8	2	1	4
Vormittags	20 g getrocknete Apfelscheiben (ca. 4 Ringe)	234/ 56	0,2	0,4	13
½ Stunde vor dem Mittagessen	3 Gabeln Sauerkraut (50 g)	54/ 13	1	–	2
Mittags	150 g Gurkensalat (ohne Öl)	63/ 15	1,5	–	1,5
	1 TL Senf, Wasser	21/ 5	–	–	–
	Schnittlauch und Salz				
	150 g Kabeljau-Filet gegrillt oder gebraten	490/ 117	25,5	–	–
	1 TL Öl (3 g)	115/ 27,6	–	3	–
	100 g Kartoffeln mit Schale	360/ 86	2	–	19
	Nachspeise Himbeergelee:				
	½ Tasse Apfelsaft (60 cm³)	125/ 30	–	–	5

Was Sie heute notieren sollten:

Gewicht:

Schlaf:

Stimmung:

Stuhlgang:

Was Ihnen noch aufgefallen ist:

Den geriebenen Apfel und die heiße Milch unter das vorbereitete Müsli rühren.

Senf mit etwas Wasser und Salz anrühren und unter die gehobelte Gurke mischen. Ziehen lassen, später nochmals durchmischen. Schnittlauch dazugeben.
Den Fisch mit Zitrone beträufeln, antauen lassen, mit dem Öl in der Pfanne braten. Salz erst bei Tisch dazugeben. Ebenso die Kartoffeln erst bei Tisch salzen. Ungeschälte Kartoffel in hauchdünne Scheiben schneiden, in der Pfanne gemeinsam mit dem Fisch braten.

Die Flüssigkeit mit Süßstoff abschmecken. Einen Teil davon zum Anrühren des knapp gestrichenen Teelöffels Agar-Agar verwenden. Den Rest Flüssigkeit dazugeben, alles etwa 10 Minuten erhitzen

	mit Zitrone und Wasser zur ¾ Tasse auffüllen, Süßstoff				
	50 g Himbeeren (oder Erdbeeren)	84/ 20	0,5	–	4
	1 knapp gestrichener TL Agar-Agar (1,5 g)				
Nachmittags	1 kleines Glas Buttermilch (0,1 l)	168/ 40	3,5	0,5	3
	1 EL Kleie (3 g)	45/ 10,8	0,5	–	1,5
½ Stunde vor dem Abendessen	1 Karotte (50 g)	73/ 17,5	0,5	–	3,5
Abendessen	1 Portion Feldsalat (60 g)	42/ 10	0,6	–	1,2
	½ fettarmer Joghurt	157/ 37,5	1	–	1,5
	Süßstoff und Zitrone				
	1 Scheibe Toast	271/ 65	2	–	15
	1 Msp. Margarine (2,5 g)	79/ 19	–	2	–
	100 g Garnelen oder Krebsfleisch	402/ 96	19	1	–
Betthupferl	100 Kalorien zur freien Wahl	418/ 100			
		4447/ 1063	65,6	8,6	126,6

Donnerstag 2. Woche

		Joule/Kal.	E	F	K
½ Stunde vor dem Frühstück	1 Glas Sellerie- und Sauerkrautsaft gemischt (0,2 l)	188/ 45	1,5	–	10

(nicht kochen!), in eine Schale geben. Die Himbeeren oder kleingeschnittenen Erdbeeren hinzufügen. Erkalten lassen. Falls die Menge zu reichlich sein sollte, den Rest fürs Betthupferl aufheben.

Die Kleie in die Buttermilch rühren.

Den Joghurt mit Zitrone und Süßstoff verrühren, mit dem Feldsalat mischen.

Denken Sie auch wieder einmal an Obst oder den Rest der Süßspeise von mittags.

Einkaufstip:
Wenn Sie heute das Kabeljau-Filet kaufen, denken Sie daran, auch gleich die Garnelen oder das Krebsfleisch für abends mitzunehmen. Für Ihr morgiges Frühstück und für das Abendessen brauchen Sie 70 g mageren Kalbsbraten!

Frühstück	1–2 Tassen Kaffee oder Tee (bei Bedarf Süßstoff u. 1–2 TL Kondensmilch)	45/	10,8	0,5	0,7	1
	1 Scheibe Grahambrot (40 g)	418/	100	3	–	19
	⅓ Ecke Schmelzkäse 20 %ig (20 g)	171/	41	3,4	1,8	1,8
	1 Msp. Margarine oder Butter (2,5 g)	79/	19	–	2	–
	Kalbsbraten 3 Scheiben, 30 g	148/	35,4	6,3	0,9	–
	1 kleine Tomate (100 g)	79/	19	1	–	3
Vormittags	1 Vollkornkeks	168/	40	2	1	6
	100 g Gurke roh	42/	10	–	–	–
½ Stunde vor dem Mittagessen	3 Gabeln Sauerkraut (50 g)	54/	13	1	–	2
Mittags	Salat:					
	100 g Gurke	42/	10	1	–	1
	40 g Kopfsalat (1 kleine Portion)	27/	6,4	0,4	–	0,8
	1 TL Öl (3 g)	115/	27,6	–	3	–
	Essig, Salz und Dill					
	1 Putenschnitzel 125 g	607/	145	25	4,5	–
	1 TL Öl (3 g)	115/	27,6	–	3	–
	2 gestrichene EL ungeschälten Reis (15 g)	230/	55,2	1	–	11,8
	½ Tasse Wasser					
	Nachspeise:					
	1 gehäuften EL Magerquark (30 g)	113/	27	5,1	–	0,6
	1 TL Honig (10 g)	128/	30,5	–	–	8,1
	1 EL Kleie (3 g)	45/	10,8	0,5	–	1,5
Nachmittags	2 süße Kleiekekse	173/	41,4	2	1	6

Tomatenstückchen auf das Brot mit dem Kalbsbraten legen, gemeinsam essen. Das schmeckt viel besser, es ist nicht so trocken.

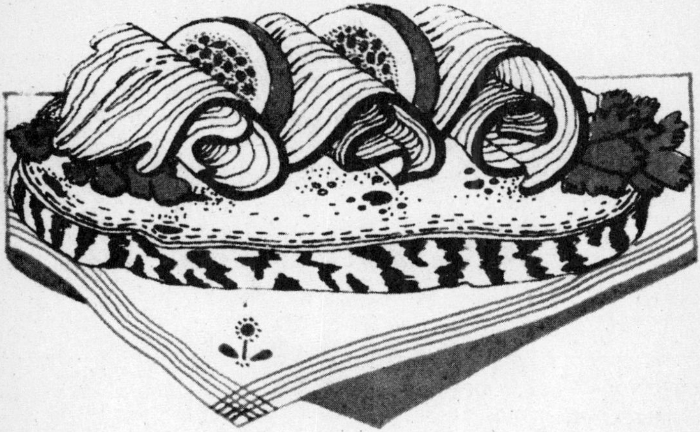

Wenn möglich, ungespritzte Gurke mit Schale verwenden, sauber waschen, ebenso den Kopfsalat, beides mit Essig, Öl, Salz und Dill vermischen.
Den ungeschälten Reis in einer halben Tasse Wasser kochen. Salz erst vor dem Essen zugeben, genauso wie zum Schnitzel.

Magerquark mit etwas Wasser geschmeidig machen, mit Honig und Kleie verrühren.

Was Sie heute notieren sollten:

Gewicht:

Schlaf:

Stimmung:

Stuhlgang:

Was Ihnen noch aufgefallen ist:

½ Stunde vor dem Abendessen	1 Karotte (50 g)	73/	17,5	0,5	–	3,5
Abendessen	1 Scheibe Grahambrot (40 g)	418/	100	3	–	19
	5 Scheiben Kalbsbraten (40 g)	197/	47,2	8,4	1,2	–
	20 g Camembert 30%ig	188/	45	4,5	2,5	0,4
	½ Scheibe Schnittkäse 20%ig (10 g)	84/	20	2,5	0,9	0,1
	2,5 g Margarine oder Butter	79/	19	–	2	–
	1 kl. Gewürzgurke (30 g)	31/	7,5	–	–	1
	1 kl. Apfelsine (100 g)	230/	54	1	–	9
Betthupferl	100 g Kalorien zur freien Wahl	418/	100			
		4707/	1125	73,6	24,5	105,6

Freitag 3. Woche Obst-/Rohkosttag

		Joule/Kal.	E	F	K
½ Stunde vor dem Frühstück	1 Glas Rote-Bete-Saft (0,2 l)	351/ 84	4	–	16
Frühstück	Kaffee oder Tee (Süßstoff und 1–2 TL Kondensmilch bei Bedarf)	45/ 10,8	0,5	0,7	1
	Obstsalat mit Leinsamen Vorschlag: Kal. ½ Apfel (60 g) 33 einige Weintrauben (60 g) 43,2 ½ Banane (60 g) 59,4 1 Orange (150 g) 81 2 EL Leinsamen 42 Zitrone, Süßstoff 6	1129/ 270	4	3	42

Einkaufstip:
Viel frisches Obst (je nach Saison) und Gemüse für Freitag besorgen.

Den Kalbsbraten mit der Gurke garnieren.
Kauen Sie langsam, genießen Sie alles und stellen Sie sich darauf ein, daß es morgen nur Obst und Salat gibt und daß noch einmal ein Fastentag folgt.

Was Sie heute notieren sollten:

Sie können den Obstsalat nach Geschmack und Jahreszeit variieren, solange Sie die angegebene Gesamtmenge und Kalorienzahl nicht wesentlich überschreiten. Wenn Sie Steinobst verwenden, bitte nur vormittags oder nachmittags in der angegebenen Menge.
Den Apfel, wenn möglich ungespritzt, mit Schale und Kerngehäuse verwenden, gründlich waschen.

Gewicht:

Schlaf:

Stimmung:

Vormittags	Obst nach Jahreszeit, entweder 150 g Orange, Apfel, Pfirsich, Birne oder Aprikose oder 100 g Weintrauben, Pflaumen, Kirschen od. 200 g Erdbeeren oder Himbeeren	360/	80–90	ca. 2	–	12
½ Stunde vor dem Mittagessen	Einige Bissen Obst	62/	15	–	–	3
Mittags	Rohkostplatte:					
	100 g Gurke	41/	10	1	–	1
	80 g Karotten	117/	28	0,8	–	0,7
	100 g Apfel	230/	55	–	–	12
	40 g Chicorée	27/	6,4	0,4	–	0,8
	30 g Kopfsalat	20/	4,8	0,4	–	0,8
	Zitrone, Süßstoff, etwas Wasser	25/	6	–	–	2
	Nachspeise:					
	1 kleine Banane (100 g)	380/	90	1	–	21
Nachmittags	Etwa 150 g Obst wie vormittags	360/	80–90	ca. 2	–	12
½ Stunde vor dem Abendessen	1 kleine Karotte (50 g)	73/	17,5	0,5	–	3,5

Auch bei der Rohkostplatte können Sie austauschen, falls Sie lieber Tomaten, Endivien, Radieschen oder ähnliches mögen. Wenn möglich, ungespritzte Gurke mit Schale verwenden, Apfel ebenso.

Stuhlgang:

Was Ihnen noch aufgefallen ist:

Der Obst-/Rohkosttag soll Ihnen die Möglichkeit geben, sich noch einmal auf ein kurzfristiges Fasten einzustellen. Erfahrungsgemäß gelingt das Fasten ohne den vorgeschalteten Obsttag weniger gut. Außerdem soll der Darm mit Schlackenstof-

Einkaufstip:
Reichen Ihre Vorräte aus dem Reformhaus (Säfte, Kleie, Leinsamen etc.) noch fürs Wochenende?

Abendessen	Obstsalat mit Kleie: Kal. ½ Apfel (60 g) 33 einige Weintrauben (60 g) 43,2 ½ Banane (60 g) 59,4 1 Orange (150 g) 81 10 g Kleie (3 EL) 32,4 Zitrone, Süßstoff 6	1067/ 254,1	4	3	42
Betthupferl	1 kl. Glas Apfelsaft (0,1 l)	192/ 46	–	–	4
	1 EL Kleie (3 g)	45/ 10,8	0,5	–	1,5
		4524/ 1089	21,1	10,7	163,3

Bei stärkerem Hungergefühl nochmals eine kleine Portion Obstsalat.

Samstag 3. Woche Fastentag

½ Stunde vor dem Frühstück	½ l heiße Agar-Lösung und ¼–½ l warmes Wasser trinken 1 Glas Sauerkrautsaft (0,2 l)
Frühstück	1 bis 2 Tassen schwarzer Tee mit je 1 TL Honig
Vormittags	Eiklar-Cocktail aus 1 Eiweiß, ½ Tasse Tomatensaft, etwas Pfeffer. Viel Mineralwasser und Kräutertee, mindestens 3 Gläser à 0,2 l

fen gefüllt werden, um ohne zusätzliche Abführmittel auch bei der geringen Nahrungsaufnahme die Darmtätigkeit zu erhalten bzw. sie anzuregen. Dazu trägt auch bei, daß wir ja schon die ganze Zeit über auf nüchternen Magen den Saft trinken und morgens zusätzlich mindestens einen halben Liter Agar-Lösung.

---

1 Teelöffel Agar-Agar in wenig kaltem Wasser auflösen. Mit heißem Wasser auf ½ l auffüllen. Sofort zügig trinken. Noch soviel heißes Wasser wie möglich nachtrinken. Wenn das Völlegefühl abgeklungen ist, auch den Sauerkrautsaft trinken.

Wer morgens keine Anlaufschwierigkeiten hat, kann statt schwarzem Tee auch Kräutertee trinken, aber bitte in Ruhe, hinsetzen, nicht im Stehen.

Das Eiweiß vom Dotter trennen (Dotter nicht verwenden!), mit Tomatensaft verquirlen und pfeffern.
Wann immer ein Hungergefühl aufkommt, trinken!

Was Sie heute notieren sollten:

Gewicht:

Schlaf:

Stimmung:

Stuhlgang:

½ Stunde vor dem Mittagessen	1 Glas Mineralwasser oder Kräutertee
Mittags	1 Teller Gemüsebrühe, frische Petersilie
Früher Nachmittag	Eiklar-Cocktail aus 1 Eiweiß, ½ Tasse Tomatensaft, etwas Pfeffer
Nachmittags	1 bis 2 Tassen schwarzer Tee mit je 1 TL Honig Mindestens 2 Gläser Mineralwasser oder Kräutertee.
½ Stunde vor dem Abendessen	1 Glas Mineralwasser oder Kräutertee
Abendessen	¼ l Obstsaft
Betthupferl	Wenige Schlückchen Obstsaft, mindestens 3 Gläser Mineralwasser oder Kräutertee à 0,2 l.

1 Glas ist 0,2 l. Unbedingt vor dem Mittagessen daran denken.

Was Ihnen noch aufgefallen ist:

Gemüsesaft oder Tomatensaft fertig kaufen. Einen Teller heiß machen, reichlich frische Petersilie dazugeben.
Oder selbst kochen. Rezept für 1 Tag und 2 Personen:
¼ Pfund Kartoffeln mit Schale sauber bürsten, ½ Karotte (40 g), 1 Stückchen Lauch (50 g), 70 g Sellerieknolle, ½ Liter Wasser, etwas weniger als ein Gemüsebrühwürfel (7 g), etwas Petersilienwurzel (7 g), Majoran, Oregano, Liebstöckel, Kerbel nach Geschmack, alles zusammen im Dampftopf kochen, durchpassieren. Die Suppe muß flüssig sein, es darf nichts Festes gegessen werden. Reichlich Petersilie dazugeben.

Das Eiweiß mit Tomatensaft verquirlen und pfeffern.

Schwarzer Tee nicht nach 16.00 Uhr. Freuen Sie sich auf den Honig.

Das Trinken nicht vergessen.

Obstsaft schlückchenweise trinken, zur gewohnten Abendessenszeit. Am besten frisch gepreßten Saft verwenden. Sonst sind alle nicht zu süßen Säfte erlaubt, zum Beispiel Apfelsaft, Orangensaft, roter Johannisbeersaft (bitte kein Pflaumen-, Trauben- oder Aprikosensaft o. ä.).

Weiterhin soviel wie möglich trinken. Es dämpft eventuell aufkommende Hungergefühle.

3 Backpflaumen einweichen.

Sonntag 3. Woche Aufbautag

		Joule/Kal.		E	F	K
½ Stunde vor dem Frühstück	½ l heiße Agar-Lösung und ¼–½ l warmes Wasser trinken 1 Glas Sauerkrautsaft (0,2 l)	125/	30	–	–	4
Frühstück	1–2 Tassen Tee mit je 1 TL Honig	255/	61	–	–	16,2
	1 Apfel (150 g)	345/	82,5	–	–	18
Vormittags	1 Scheibe Knäckebrot und außerdem viel trinken, Wasser oder Kräutertee	159/	38,3	1	1	7,7
½ Stunde vor dem Mittagessen	3 eingeweichte Backpflaumen (10 g)	125/	30	–	–	6
Mittags	1 Teller Cremesuppe Champignon, Spargel o. ä.	272/	65	1	3	7
	Schnittlauch oder Petersilie					
	1 Eiweiß	71/	17	3,9	0,1	0,2

Wem stilles Mineralwasser nicht schmeckt, der darf auch kohlensäurehaltiges Wasser nehmen oder abwechseln.

Was Sie heute notieren sollten:

Gewicht:

Wer nicht mehr auf seinen Kaffee verzichten möchte, darf nötigenfalls statt Tee auch Kaffee trinken (bei Bedarf mit je 1 TL Kondensmilch und Süßstoff, 10,8 Kal.). Genießen Sie Ihren Apfel und kauen Sie gründlich.

Schlaf:

Stimmung:

Stuhlgang:

Was Ihnen noch aufgefallen ist:

Am besten verwenden Sie eine Fertigsuppe mit frischem Schnittlauch oder Petersilie; mit dem Eiweiß verquirlen.

Freuen Sie sich darüber, daß Sie es noch einmal geschafft haben,

Nachmittags	2 Vollkornkekse	334/	80	4	2	12
	bis 16.00 Uhr: 1 bis 2 Tassen schwarzer Tee mit je 1 TL Honig	255/	61	–	–	16,2
	viel Mineralwasser oder Kräutertee					
½ Stunde vor dem Abendessen	1 Karotte (50 g)	73/	17,5	0,5	–	3,5
Abendessen	Cremesuppe wie mittags nur mit anderem Geschmack	272/	65	1	3	7
	1 Tomate (100 g)	79/	19	1	–	3
Betthupferl	1 fettarmer Joghurt (150 g)	313/	75	2	–	3
	2 EL Leinsamen (10 g)	175/	42	1,9	3,1	1,3
		2859/	683,3	16,3	12,2	105,1

Montag 3. Woche

		Joule/Kal:		E	F	K
½ Stunde vor dem Frühstück	1 Glas Grapefruitsaft (0,2 l)	292/	70	2	–	20
Frühstück	1–2 Tassen Kaffee oder Tee (bei Bedarf Süßstoff und 1–2 TL Kondensmilch)	45/	10,8	0,5	0,7	1
	½ Scheibe Vollkornbrot (25 g)	267/	64	1,7	0,2	11,5
	½ Scheibe Grahambrot (20 g)	209/	50	1,5	–	9,5

und lassen Sie sich den Erfolg nicht durch »gute Freunde« auf aufkommende Gelüste zunichtemachen. Sie haben fantastisch durchgehalten, und für die Zukunft wissen Sie, wie Sie mit Erfolg einen Strich ziehen können, wenn Sie doch wieder einmal ein paar Pfunde zuviel auf die Waage bringen.

Was Sie heute notieren sollten:

Radieschen in Scheiben schneiden und auf das Brot mit der Geflügelwurst legen.

Gewicht:

Schlaf:

	1 Msp. Butter oder Margarine (2,5 g)	79/	19	–	2	–
	4 kl. Scheiben Geflügelwurst (20 g)	133/	32	3,3	1,6	–
	3 Radieschen oder 1 kleine Gewürzgurke	16/	4	–	–	1
	1 Scheibe Käse 20%ig (20 g)	171/	41	5	1,8	0,2
	od. 1 knappe Ecke Camembert 30%ig (20 g)	(188/	45	4,4	0,4	2,6)
Vormittags	1 Vollkornkeks	167/	40	2	1	6
	1 Tomate (100 g)	79/	19	1	–	3
½ Stunde vor dem Mittagessen	3 Gabeln Sauerkraut (50 g)	54/	13	1	–	2
Mittags	1 mittelgroße Aubergine (200 g)	209/	50	2,4	0,4	9,2
	150 g Champignons	151/	36	4,5	–	4,5
	3 EL Tomatenketchup (30 g)	133/	32	0,6	–	7,2
	1 EL Honig (10 g)	127/	30,5	–	–	8,1
	1 Scheibe Schmelzkäse 45%ig (20 g)	251/	60	2,8	4,8	1,2
	Nachtisch Früchtequark:					
	2 EL Magerquark (40 g)	137/	32,8	6,8	0,2	0,8
	70 g Erdbeeren	114/	27,3	0,7	–	5,6

Stimmung:

Stuhlgang:

Was Ihnen noch aufgefallen ist:

Die Aubergine gründlich säubern. Längs aufschneiden, die beiden Hälften zu Schiffchen aushöhlen. Das Fruchtfleisch in Würfel schneiden. Die beiden Schiffchen im Backofen in der Folie vorgaren. Das Fruchtfleisch in die Pfanne geben, die geputzten und kleingeschnittenen Champignons zufügen, bei geschlossenem Deckel etwas vorgaren, kein Fett verwenden. Die drei Eßlöffel Ketchup und den Honig zufügen. Gut durchmischen. Fertig garen. Alles in die beiden Schiffchen geben.

Die Scheibe Käse halbieren, je 1 Hälfte auf die Schiffchen geben, im Backofen überbacken, bis der Käse geschmolzen ist. Wenn Auberginen nicht erhältlich sind, kann man auch Gärtnergurken verwenden. Aus dem Gurkenfleisch entsteht in der Pfanne viel Wasser. Gießen Sie es ab, bevor Sie Ketchup und Honig hinzufügen. Die Gurken sollen bißfest bleiben.

Nachtisch: Den Quark mit etwas Wasser cremig rühren, die geschnittenen Erdbeeren daruntermischen.

Nachmittags	1 kleines Glas Buttermilch (0,1 l)	167/	40	3,5	0,5	3
	mit 1 EL Kleie (3 g)	45/	10,8	0,5	–	1,5
½ Stunde vor dem Abendessen	1 kleine Karotte (50 g)	73/	17,5	0,5	–	3,5
Abendessen	Feldsalat mit Ei:					
	50 g Feldsalat	29/	7	0,5	–	1
	½ Ei (hartgekocht)	179/	42,5	3,5	3	–
	1 TL Öl (3 g)	115/	27,6	–	3	–
	Essig und Salz					
	1 Scheibe Toast	271/	65	2	–	15
	½ Scheibe Grahambrot (20 g)	209/	50	1,5	–	9,5
	1 Msp. Butter oder Margarine (2,5 g)	79/	19	–	2	–
	2 Scheiben Lachsschinken (10 g)	60/	14,4	2,5	0,7	–
	½ Scheibe Käse 20%ig (10 g)	86/	20,5	2,5	0,9	0,1
Betthupferl	100 Kalorien zur freien Wahl	418/	100			
		4375/	1045,7	52,8	22,8	124,4

Dienstag 3. Woche

		Joule/Kal.		E	F	K
½ Stunde vor dem Frühstück	1 Glas Selleriesaft (0,2 l)	251/	60	2	–	12

50 g Feldsalat ist der eßbare Anteil, das entspricht etwa 60 g ungeputztem Salat. Das halbe hartgekochte Ei in ganz kleine Würfel schneiden, den Salat mit Essig, Öl und etwas Salz anmachen, das Ei daruntermischen.

Frühstück	1–2 Tassen Kaffee oder Tee (bei Bedarf mit Süßstoff und 1–2 TL Kondensmilch)	45/	10,8	0,5	0,7	1
	1 Scheibe Leinsamenbrot (45 g)	460/	110	3	0,5	23
	1 Msp. Butter oder Margarine (2,5 g)	79/	19	–	2	–
	2 Scheiben Lachsschinken (15 g)	90/	21,6	3,7	1	–
	1 EL Magerquark (20 g)	69/	16,5	3,4	0,1	0,4
	3 Radieschen (40 g) oder Gurke	32/	7,6	–	–	1,4
Vormittags	1 Vollkornkeks	167/	40	2	1	6
	½ Scheibe Käse (20 %ig) 10 g	86/	20,5	2,5	0,9	0,1
½ Stunde vor dem Mittagessen	3 Gabeln Sauerkraut (50 g)	54/	13	1	–	2
Mittagessen	Fleischpfanzerl (Bouletten) mit Lauchgemüse:					
	100 g Rindertatar	535/	128	21	4	–
	1 TL gehackte Zwiebeln	17/	4	0,1	–	1
	2 EL Kleie	90/	21,6	1	–	3
	2 TL Öl (6 g)	230/	55,2	–	6	–
	Paprika, Pfeffer, Majoran, etwas Brühe, 150 g Lauch (eßbarer Anteil)	238/	57	3	–	9
	1 Kartoffel (100 g)	364/	87	2	–	19
	Nachspeise:					
	2 EL Magerquark (40 g)	137/	32,8	6,8	0,2	0,8
	2 TL Rosinen (10 g)	125/	30	0,3	–	6,4

Was Sie heute notieren sollten:

Gewicht:

Schlaf:

Stimmung:

Stuhlgang:

Das Tatar mit der Kleie, den Gewürzen und 1 TL Öl gut vermengen, eventuell mit etwas Brühe geschmeidig machen. Ein großes und ein kleines Fleischpfanzerl (Boulette) formen, Salz erst beim Essen dazugeben. In 1 TL Öl braten.
Lauch in kleine Streifen schneiden, im Dampftopf garen. Die gut gewaschene Kartoffel mit der Schale garen.
Das kleine Fleischpfanzerl für den Abend aufheben (73,1 Kal.), das große zum Mittagessen verwenden (146,2 Kal.).

Nachspeise: Die Nachspeise bitte vor dem übrigen Essen vorbereiten, damit die Rosinen weichen können. Magerquark mit etwas Wasser cremig rühren, 2 TL Rosinen daruntermischen.

Nachmittags	2 süße Kleiekekse	173/ 41,4	2	1	6
½ Stunde vor dem Abendessen	1 kleine Karotte (50 g)	73/ 17,5	0,5	–	3,5
Abendessen	1 Tasse Gemüsebrühe (⅛ l) = ¼ Würfel Gemüsebrühe	31/ 7,5	–	–	–
	kalt. Fleischpfanzerl (oben berechnet)				
	1 Scheibe Leinsamenbrot	460/ 110	3	0,5	23
	3 Radieschen oder Gewürzgurke (40 g)	32/ 7,6	–	–	1,4
	½ Banane (60 g)	244/ 58,4	0,5	–	10
Betthupferl	100 Kalorien zur freien Wahl	418/ 100			
		4506/ 1077	58,3	17,9	129

2 EL Weizenkörner (30 g) mahlen und mit einer halben Tasse Wasser und 4 Stück Trockenaprikosen (10 g) für den nächsten Tag einweichen

Mittwoch 3. Woche

		Joule/Kal.	E	F	K
½ Stunde vor dem Frühstück	Sellerie- und Sauerkrautsaft gemischt (0,2 l)	188/ 45	1,5	–	10
Frühstück	1–2 Tassen Kaffee oder Tee (mit Süßstoff und 1–2 TL Kondensmilch bei Bedarf)	45/ 10,8	0,5	0,7	1

Was Ihnen noch aufgefallen ist:

Das Brot teilen, die eine Hälfte mit dem Fleischpfanzerl und Radieschen oder Gewürzgurke essen. Die andere Hälfte mit der in Scheiben geschnittenen Banane belegen.
Kein Streichfett verwenden.

Nicht vergessen, das Müsli vorzubereiten.

Den Apfel mit Schale und Kerngehäuse reiben, zusammen mit der heißen Milch unter das Aprikosenmüsli mischen, mit Süßstoff abschmecken.

	Müsli aus Weizenschrot (30 g)	439/	105	3	–	21
	mit Aprikosen:	128/	30,6	0,5	–	4
	Zu dem vorbereiteten Müsli noch ½ geriebenen Apfel geben (70 g)	161/	38,5	–	–	8,4
	½ Tasse heiße Milch (1,5 %ige)	154/	36,8	2	1	4
Vormittags	2 EL gekörnter Frischkäse (50 g)	196/	47	6,7	1	0,5
	1 EL Kleie (3 g)	45/	10,8	0,5	–	1,5
½ Stunde vor dem Mittagessen	3 Gabeln Sauerkraut (50 g)	54/	13	1	–	2
Mittagessen	1 Portion Kopfsalat (60 g), Zitrone und Süßstoff	42/	10	–	–	1
	Omelett mit Spargel und Schinken:					
	1 Ei	356/	85	7	6	–
	1 EL Mehl	150/	36	1,1	–	7,4
	1 gr. EL Magerquark (30–40 g)	104/	25	6	0,1	0,6
	1 Schuß Mineralwasser mit Kohlensäure					
	1 TL Öl (3 g)	115/	27,6	–	3	–
	100 g Spargel, Petersilie	84/	20	2	–	3
	1 dicke Scheibe gekochten Schinken (40 g)	361/	86,4	8	4,4	–
	Nachspeise Himbeergelee:					
	50 g Himbeeren (oder Erdbeeren)	84/	20	0,5	–	4
	1 knapper gestr. TL Agar-Agar					
	Zitronensaft	25/	6	–	–	0,6
	Wasser und Süßstoff					

Was Sie heute notieren sollten:

Gewicht:

Schlaf:

Stimmung:

Stuhlgang:

Was Ihnen noch aufgefallen ist:

Den Kopfsalat zuerst anmachen. Danach das Omelett. Magerquark, Ei und Mehl verrühren, 1 kräftigen Schuß Mineralwasser untermischen, in dem TL Öl das Omelett ausbacken. Kein Salz verwenden.
Den Spargel frisch oder aus der Dose heiß machen. Den gekochten Schinken in Streifen schneiden. Schinken und Spargel auf das Omelett legen, mit reichlich frischer Petersilie garnieren.

¾ der Himbeeren mit Zitronensaft, Wasser und Süßstoff pürieren (es soll eine Dreiviertel-Tasse Flüssigkeit ergeben), 1 knappen gestrichenen TL Agar-Agar mit einem Teil der Flüssigkeit anrühren, den Rest dazugeben, 10 Minuten erhitzen (nicht kochen). Anschließend in eine Schale gießen, erkalten lassen, mit den restlichen Himbeeren garnieren. (Es können ebenso Erdbeeren oder anderes Obst verwendet werden.)

		Joule/Kal.	E	F	K
Nachmittags	1 kleines Glas Buttermilch (0,1 l)	167/ 40	3,5	0,5	3
	1 EL Kleie (3 g)	45/ 10,8	0,5	–	1,5
½ Stunde vor dem Abendessen	1 kleine Karotte (50 g)	73/ 17,5	0,5	–	3,5
Abendessen	1 dünne Scheibe Mischbrot (40 g)	418/ 100	2,4	–	20,4
	1 Msp. Butter oder Margarine (2,5 g)	79/ 19	–	2	–
	1 Scheibe gekochter Schinken (30 g)	271/ 64,8	6	3,3	–
	1 Tomate (100 g)	79/ 19	1	–	3
	1 kl. Gewürzgurke (30 g)	31/ 7,5	–	–	0,7
	½ Scheibe Käse 20%ig (10 g)	86/ 20,5	2,5	0,9	0,1
Betthupferl	100 Kalorien zur freien Wahl	418/ 100			
		4404/ 1052,6	56,7	22,9	101,2

Donnerstag 3. Woche

		Joule/Kal.	E	F	K
½ Stunde vor dem Frühstück	1 Glas Sauerkrautsaft (0,2 l)	125/ 30	–	–	4
Frühstück	1–2 Tassen Kaffee oder Tee (Süßstoff bei Bedarf und 1–2 TL Kondensmilch)	45/ 10,8	0,5	0,7	1
	1 dünne Scheibe Mischbrot (40 g)	418/ 100	2,4	–	20,4

Genießen Sie Ihr Betthupferl.

	1 Msp. Butter oder Margarine (2,5 g)	79/	19	–	2	–
	1 dünne Scheibe gekochter Schinken (20 g)	180/	43,2	4	2,2	–
	1 Scheibe Käse 20%ig (20 g)	171/	41	5	1,8	0,2
	Nach Jahreszeit: 3 Radieschen oder frische Gurke	29/	7	–	–	1
Vormittags	½ fettarmer Joghuart	157/	37,5	1	–	1,5
	1 EL Kleie (3 g)	45/	10,8	0,5	–	1,5
½ Stunde vor dem Mittagessen	3 Gabeln Sauerkraut (50 g)	54/	13	1	–	2
Mittagessen	150 g Kabeljau-Filet	489/	117	25,5	–	–
	1 TL Mehl (2,5 g)	38/	9,2	0,2	–	1,8
	1 TL Meerrettich (5 g)	16/	3,8	0,1	–	0,4
	1 TL Kapern	29/	7	–	–	–
	2 gestrichene EL ungeschälter Reis (15 g)	230/	55,2	1	–	11,7
	Gurkensalat (200 g Gurke)	83/	20	2	–	2
	1 TL Öl (3 g), Essig und Salz	115/	27,6	–	3	–
	Nachtisch: 3 EL Magerquark (50 g)	184/	44	8,5	1	0,3
	1 TL gehackte Haselnüsse (2,5 g)	72/	17,2	0,3	1,5	0,3
	1 TL Kakao-Instant gesüßt	41/	10	0,8	0,4	0,4

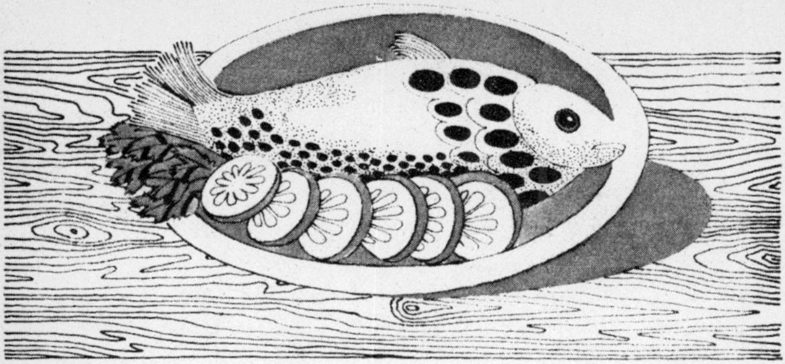

Was Sie heute notieren sollten:

Das Kabeljau-Filet mit Zitronensaft säuern und antauen lassen. Mit ½ Tasse Wasser übergießen, Lorbeerblatt, Senfkörner und Pfeffer dazugeben, garziehen lassen.
Fisch aus der Pfanne heben, aus dem Sud Soße bereiten: Den TL Mehl mit kalter Flüssigkeit anrühren, gemeinsam mit dem Meerrettich und den Kapern mit dem Sud vermischen, kurz aufkochen lassen. Bei Bedarf noch Wasser hinzufügen. Salz erst bei Tisch zugeben. Den ungeschälten Reis in ½ Tasse Wasser garkochen (bißfest).

Den Gurkensalat als Vorspeise essen.

Nachtisch:
Den Magerquark mit etwas Wasser glattrühren, mit den Haselnüssen und dem Kakao vermischen.

Gewicht:

Schlaf:

Stimmung:

Stuhlgang:

Was Ihnen noch aufgefallen ist:

Nachmittags	½ fettarmer Joghurt	157/	37,5	1	–	1,5
	1 EL Kleie (3 g)	45/	10,8	0,5	–	1,5
½ Stunde vor dem Abendessen	1 Karotte (50 g)	73/	17,5	0,5	–	3,5
Abendessen	1 Scheibe Vollkornbrot (50 g)	535/	128	3,5	0,5	23
	2 Msp. magere Kalbsleberwurst (10 g)	125/	30	1	4	–
	1 Tomate (100 g)	79/	19	1	–	3
	½ Banane (50 g)	188/	45	0,5	–	10
Betthupferl	100 Kalorien zur freien Wahl	418/	100			
		4230/	1011,1	60,8	17,1	91

Das Brot teilen, eine Hälfte mit Leberwurst und Tomate essen, die andere Hälfte mit der in Scheibe geschnittenen Banane belegen. Kein Fett verwenden.

Sie haben das Ziel erreicht – und ich gratuliere! Ich hoffe, Sie werden nun nicht alles vergessen, sondern manches von dem, was Sie in meiner Diät für gut befunden haben, auch weiterhin beibehalten.

Und wenn Sie doch mal wieder gesündigt haben?

Ich wünsche mir natürlich, daß Sie Ihr »neues« Gewicht möglichst lange behalten oder noch »verbessern«. Meine Diät weist Ihnen ja auch über die drei Wochen hinaus einen Weg, gesünder und »figurbewußter« zu leben.
Mir ist aber natürlich klar, daß es immer wieder Anlässe und Verlockungen geben wird, von diesem Weg abzuweichen, mehr zu essen und zu trinken als gut tut. Auch in solchen Fällen kann ich Ihnen mit meiner Diät helfen:

Wenn Sie »ein bißchen« gesündigt haben

Haben Sie nur wenig zugenommen, weil Sie vielleicht ein besonders üppiges Abendessen genossen haben und dann am nächsten Morgen auf der Waage erschrocken waren, dann können Sie sich rasch helfen.
Nehmen Sie einen Tag aus meiner Diät, der Ihnen besonders gut gefällt, und halten Sie sich an diesem Tag konsequent an den vorgegebenen Plan. Sie nehmen damit nicht mehr als 1200 Kalorien zu sich, und Ihre »kleine Sünde« ist behoben.

Wenn Sie »etwas mehr« gesündigt haben

Haben Sie etwas mehr gesündigt, hält sich ein Kilo zuviel schon hartnäckig über einige Tage, dann empfehle ich Ihnen, einen Obsttag einzulegen. Sie werden feststellen, daß Sie am

Morgen nach dem Obsttag ein Kilogramm weniger auf die Waage bringen.
Nun heißt es aber, auch den Gewichtsverlust zu halten. Es war nur zum Teil wirklich Fettgewebe, das Sie verloren haben, überwiegend ist Wasser ausgeschwemmt worden. Deshalb empfehle ich Ihnen, nach dem Obsttag ebenfalls noch einen Diättag nach Ihrer Wahl anzuschließen.

Wenn Sie »noch mehr« gesündigt haben

Haben Sie die Zügel noch etwas länger schleifen lassen, und ist es nicht mit einem einzigen Kilo getan, das Sie wieder abnehmen wollen, dann können Sie ebenfalls mit dem Obsttag beginnen. Sie schließen nun aber nicht einen Tag frei nach Ihrer Wahl an. Nehmen Sie sich den Plan von Montag 1. Woche, also den ersten Aufbautag, vor. An diesem Tag bekommen Sie nur etwa 500 Kalorien zu essen. Vergessen Sie nicht, am Abend des Obsttages die Feige einzuweichen. Sorgen Sie dafür, daß Sie Sauerkrautsaft zu Hause haben und vergessen Sie auch nicht, auf nüchternen Magen Ihren halben Liter Agar-Lösung zu trinken und anschließend noch viel heißes Wasser nachzutrinken. Am dritten Tag dürfen Sie sich dann aus meinem Diät-Programm wieder einen Tag nach Ihrem Geschmack aussuchen – und danach können Sie erleichtert aufatmen.

Wenn Sie »schon sehr« gesündigt haben

Für den Fall, daß Sie einen gründlicheren Strich unter inzwischen wieder eingeschlichene schlechte Angewohnheiten ziehen müssen, sollten Sie wieder einmal ein Fasten-Wochenende einplanen. Verzichten Sie dabei nicht auf den Obsttag. Sie wissen ja, daß er erst den richtigen Einstieg in das Fasten ermöglicht (siehe Seite 94). Und halten Sie sich auch genau an den Plan des Aufbautages, der etwa 500 Kalorien vorsieht. Es wäre gut, wenn Sie dann auch noch das Programm von Dienstag 1. Woche anschließen würden, zumindest aber am Tag nach dem Aufbautag noch auf Fleisch und Wurst verzichten.

Wenn Sie »schwer« gesündigt haben

Und schließlich bleibt noch die Möglichkeit, die gesamte Diät zu wiederholen. Einmal im Jahr möchte ich Ihnen die Diät ohnehin empfehlen. Besser wäre es aber, Sie könnten sich zweimal im Jahr dazu entschließen.

Wenn Sie mich nach anderen Diäten fragen

Nichts ist anregender als eine gesunde Neugier. Deshalb will ich Sie nicht davon abhalten, die verschiedensten Diätformen einmal auszuprobieren, wenn Sie Lust dazu haben.
Voraussetzung ist natürlich, daß Sie keine Krankheiten oder gesundheitlichen Störungen haben, die behandelt oder ärztlich überwacht werden müssen. Voraussetzung ist auch, daß Sie die meisten der Diäten, die plötzlich in Mode kommen, nicht zu lange machen. Drei Wochen sind in der Regel die vertretbare Grenze. Im einzelnen gibt es noch deutlichere Einschränkungen, wie zum Beispiel beim selbständigen Fasten.
Nun zu den anderen Diäten:

Atkins-Diät

Es ist die Diät, die von allen vergleichbaren Diäten am kompromißlosesten die Kohlenhydrate verbannt. Dr. Atkins, ein in New York lebender Arzt, geht von der unbewiesenen Vorstellung aus, daß übergewichtige Menschen selbst kaum etwas für ihr Übergewicht können. Er macht dafür eine sogenannte »Kohlenhydratallergie« verantwortlich, eine Überempfindlichkeit gegen Kohlenhydrate.
Wer von uns, der zu dick ist, würde nicht gern hören, daß er selbst nichts für sein Dicksein kann. Kein Wunder also, daß diese Diät viel Anklang fand. Zumal sie verspricht, daß man abnehmen kann, ohne sich im Essen einschränken zu

müssen. Man braucht keine Kalorien mehr zu zählen, sondern nur noch die Kohlenhydrate. Das heißt: kein Brot, kein Kuchen oder Keks. Kein Obst, kein Gemüse und nur 2 Tassen grünen Salat pro Tag. Keine Kartoffeln, Mehl, Reis oder Nudeln. Überhaupt nichts, was Zucker enthalten könnte. Wenn die Kohlenhydrate gemieden werden, kann man im übrigen soviel Fett und Eiweiß, also so viele Kalorien essen wie man möchte. Bei gerösteten Speckschwarten, Schlagsahne, Mayonnaise, Schinken und Eiern braucht man sich dann keine Beschränkung aufzuerlegen.

Es ist richtig, daß man bei dieser Diät abnimmt. Ich habe das bereits am Anfang dieses Buches beschrieben. Wenn man einen Grundnährstoff wegläßt, nimmt man ab, weil automatisch der Appetit nachläßt. Kein Wunder bei einer so einseitigen Kost. Zum anderen muß der Körper mehr arbeiten, um das Defizit an Kohlenhydraten auszugleichen. Er muß sich seine Energie aus dem Eiweiß und vor allem aus dem Fett holen. Auch deshalb nimmt er ab. Und schließlich soll ohne Kohlenhydrate ein Zuviel an Kalorien, also Energie, nicht als Fett gespeichert, sondern einfach verpulvert werden. Deshalb schwitzen viele bei der Atkins-Diät auch so stark.

Die Atkins-Diät ist eine ausgesprochen einseitige Mangel-Diät. Die Folgen für die Gesundheit können nicht ausbleiben: Gefäßschäden bis zum Herzinfarkt bei gefährdeten Personen. Leberschäden und Bildung von Gallensteinen, Gichtanfälle. Bei Nierenkranken kann es zum Nierenversagen kommen. Schwächezustände, Herzrhythmusstörungen, sogar plötzlich einsetzende Bewußtlosigkeit sind möglich.

Der Vitaminmangel wird bei Atkins mit Pillen ausgeglichen. Bezeichnend dafür ist sein Satz: »Wer braucht denn schon Orangensaft, wenn eine Vitamin-C-Tablette so praktisch ist?«

Manager-Diät

Obst und Obstsäfte sind auch aus der Diät von Dr. Manfred Köhnlechner verbannt. Der Grund dafür ist ebenfalls ihr Kohlenhydrat-Reichtum.
Im Unterschied zu Atkins greift Köhnlechner aber nicht zu Pillen. Er ersetzt das Defizit an Vitaminen und Mineralstoffen durch Obstessig und Honig. Außerdem sind im Gegensatz zu Atkins bei ihm die Salate und Gemüse nicht eingeschränkt, mit Ausnahme der kohlenhydratreichen Gemüse wie etwa der Hülsenfrüchte. Es gibt noch eine Reihe weiterer Parallelen, aber auch wesentliche Unterschiede zu Atkins.
Köhnlechner begrenzt von vornherein die Zeit, in der die Diät durchgeführt werden kann, auf zwei bis vier Wochen. Damit bleibt er im Rahmen der vertretbaren Zeit. Atkins betont ja immer wieder, daß seine streng einseitige Mangelernährung für eine lebenslange Ernährung geeignet sei. Bei der Managerkost werden die Kohlenhydrate ebenfalls eingeschränkt, aber nicht ganz gestrichen. In konzentrierter Form, etwa als Brot, dürfen sie nur zum Frühstück gegessen werden. Mittags und abends werden die Kohlenhydrate, soweit es irgend geht, gemieden, mit Ausnahme der bereits erwähnten Salate und Gemüse. Auf diese Weise ist eine abgewandelte Art der Trennkost in die Diät einbezogen. Durch die Trennung von Kohlenhydrat und Eiweiß soll auch hier der Fettansatz vermieden werden.
Köhnlechners Manager-Diät gehört zu den Diäten mit stark vermindertem Kohlenhydratanteil. Sie ist allerdings weit gemäßigter als die Atkins-Diät und erhebt nicht den Anspruch, eine Ernährungsanleitung auf Dauer zu sein.
Wenn Sie gesund sind und die Diät einmal ausprobieren wollen, so steht dem nichts im Wege, zumal mit dem Fett nicht in annähernd vergleichbarer Weise übertrieben wird wie bei der Punkte-Diät.

Punkte-Diät

Die frühere Tänzerin Erna Carise, Autorin der Punkte-Diät, geht in ihrer Beschränkung der Kohlenhydrate fast genauso weit wie Atkins.
Atkins erlaubt in der ersten Woche gar keine Kohlenhydrate und steigert die Menge dann sehr langsam auf maximal 20–40 g pro Tag. Das würde bedeuten, daß man mit einer Scheibe Brot seine Tagesration schon verbraucht hat. Will man dann noch ein bißchen Gemüse essen, ist der Gewissenskonflikt schon da.
Erna Carise will die größten gesundheitlichen Schäden abwenden, indem sie empfiehlt, mindestens 40 Gramm Kohlenhydrate pro Tag zu essen, höchstens aber 60 Gramm. Üppig kann man diese Mengen nun auch nicht gerade nennen. Es bedeutet, daß man zu der einen Scheibe Brot noch eine Kartoffel essen darf.
Auch die Punkte-Diät ist eine einseitige Mangel-Diät. Bei den Rezepten für den Wochenfahrplan ist der Gehalt an Kohlenhydraten in Punkten ausgedrückt. Ein Gramm Kohlenhydrat entspricht einem Punkt. Auf diese Weise sollte eine bessere Übersichtlichkeit geschaffen werden, und so hat die Diät ihren Namen bekommen. Zu der Tatsache, daß hier wieder in Eiweiß und vor allem Fett geschwelgt wird, kommt noch die Vorliebe der Autorin für Alkohol. So heißt die Aufforderung zu dieser Diät: Prost und guten Appetit!

Hollywood-Kur

Daß sich die Stars aus Hollywood Übergewicht noch weniger leisten können als andere, ist verständlich. Und verständlich ist auch, daß viele aus der Traumfabrik eine Diät erwarten, die auf wundersame Weise die Pfunde wegzaubert. Aber diesen »Zauber« gibt es nicht.

Die Hollywood-Kur ist eine Radikalkur mit harten Eiern, Grapefruit und Salat, ohne Öl und nur für Roßnaturen geeignet. Sie ist gesundheitlich höchst bedenklich, und das Glück, durch diese Kur schlank geworden zu sein, ist nur von kurzer Dauer. Wenn ich an Liz Taylor denke, doch wohl der Inbegriff eines Hollywood-Stars, dann ist ihr ständiger Kummer mit der Figur, das Auf und Ab zwischen übergroßer Fülle und radikalem Abspecken, Beweis genug, daß auch Hollywood keine Wunderkuren hervorbringt.

Es hat verschiedene Versuche gegeben, die Hollywood-Kur abzuwandeln, der Gesundheit zuträglicher zu machen und vielleicht doch einen anhaltenderen Erfolg zu erzielen. So entstand auch die *Mayo-Diät*. Aber selbst wenn etwas Toast und Fleisch zugelegt werden, bleiben es doch Roßkuren. Es darf nur magerstes Fleisch gegessen werden. Fett wird so weit wie möglich eingeschränkt. Deshalb sind diese Diäten ziemlich teuer.

Kartoffel-Diät

Hier muß man unterscheiden zwischen sogenannten und wirklichen Kartoffel-Diäten. Häufig sind Kartoffel-Diäten, die in großen Zeitschriften angeboten werden, nichts anderes als mehr oder minder kalorienreduzierte Kostformen mit Kartoffeln als Beilage zu den Hauptgerichten.

Durchaus wirkungsvoll ist es, einmal einen Kartoffel-Diät-Tag zu machen. An diesem Tag dürfen dann ausschließlich Kartoffeln gegessen werden, und zwar bis zu zwei Pfund. Die Kartoffeln werden mit der Schale gekocht und ohne Beilagen gegessen. Das Kochwasser wird aufgehoben und getrunken. Mit Saft, zum Teil auch mit Honig, darf der Geschmack etwas freundlicher gemacht werden. Dennoch, selbst unter den Gutwilligen, gibt es viele, die den Kartoffelsaft für ungenießbar halten. Andere können ihn nur mit großer Überwindung schlucken. Aber er ist gesund. Er enthält reichlich Mineralstoffe und Vitamine. Wer es schafft, ab und zu einmal einen solchen Diättag einzulegen, der kann damit ein schnell angefuttertes Pfund auch schnell wieder loswerden.

Trotz der großen Kartoffelmenge nimmt man ab. Es werden ja nur 700 Kalorien aufgenommen. Die Kartoffel enthält kaum Kochsalz. Deshalb wird an diesem Diättag viel Flüssigkeit ausgeschwemmt, die sonst durch das Salz im Körper festgehalten würde.

Es gibt auch eine strenge Kartoffel-Diät von etwa drei Wochen Dauer. Diese Diät gehört wieder zu den gesundheitlich bedenklichen Diäten. Dabei wird das Eiweiß weggelassen. Nach dem Verbannen der Kohlenhydrate, besonders bei Atkins und der Punkte-Diät, nach dem Weglassen oder der starken Einschränkung von Fett bei Hollywood-Kur und Mayo-Diät, haben wir nun also auch noch eine Kostform, die den dritten Grundnährstoff, das Eiweiß, ausschließt. Es darf kein Fisch und auch kein Fleisch gegessen werden. Lediglich ein bis zwei Pfund Kartoffeln täglich, dazu 20 Gramm Fett und Gemüse nach Wunsch. Das Brot ist auf zwei bis drei Scheiben

Knäckebrot eingeschränkt, und schließlich darf man noch Grapefruits oder Zitronen essen.
Schließlich gibt es noch eine Reihe von Kartoffel-Diäten, die individuell ausgetüftelt und durchaus vernünftig sind. Dabei werden die Kartoffeln nicht nur als Beilage benutzt und auch nicht ausschließlich verwendet. Es wird sowohl Eiweiß in Form von Fleisch gegessen, und es gibt Kartoffelgerichte zusammen mit Quark oder Milch, Kartoffeln gratiniert oder als Salat, gefüllte Kartoffeln oder Kartoffelauflauf.
Man kann mit der Kartoffel in der Tat eine ganze Reihe wohlschmeckender Gerichte zaubern, die sowohl gesund sind, als auch der schlanken Linie entgegenkommen.

Formel-Diäten

Gemeint sind die verschiedenen Pulver, die man zu Brei anrühren kann, Trunks, Happen oder Körner. Sie alle enthalten Nährstoffe, Vitamine, Salze und Spurenelemente in bestimmten Zusammensetzungen und mit wenig Kalorien. Oft sind Quellstoffe dabei, um das Sättigungsgefühl zu erhöhen. Auch ganze Mahlzeiten mit niedrigem Kaloriengehalt werden angeboten.
Über längere Zeit ausschließlich von diesen Formel-Diäten zu leben, fällt wegen der Eintönigkeit meist schwer. Außerdem kommt es zu Verstopfung, weil die Ballaststoffe fehlen. Bei den Fertigmahlzeiten ist der Kostenfaktor oft ein Hinderungsgrund.
Besonders gut sind diese Produkte zur Kombination geeignet. Gehen wir von einer kalorienreduzierten Diät als Grundlage aus. Mit einer Tüte Körner, einem Happen oder dergleichen statt der vorgesehenen Zwischenmahlzeit kann man das Sättigungsgefühl verbessern und dadurch die ganze Diät leichter durchhalten. Man kann sich auch hin und wieder das

Kochen einer Hauptmahlzeit ersparen. Und man kann sein Kalorienquantum herunterschrauben, wenn man ab und zu eine Mahlzeit durch eine Formel-Diät ersetzt.

Trenn-Kost

Trenn-Kost heißt: Eiweiß und Kohlenhydrate müssen getrennt werden. Man darf sie nicht gemeinsam in einer Mahlzeit essen.
Der amerikanische Arzt Dr. Howard Hay entwickelte diese Diät, um sein Nierenleiden zu heilen. Im Vordergrund steht die Frage, wie sich die Zusammensetzung der Nahrung auf unsere Gesundheit auswirkt.
Dr. Ludwig Walb hat die Hay'sche Trenn-Kost bei uns bekanntgemacht. Hay ging davon aus, daß es Nahrungsmittel gibt, die zur Verdauung Säure brauchen, wie Eiweiß und saure Früchte. Und daß es andere Nahrungsmittel gibt, die zur Verdauung eine Basenlösung brauchen, wie Stärke und Zucker. Keine Flüssigkeit kann gleichzeitig sauer und alkalisch beziehungsweise basisch reagieren, auch die Verdauungssäfte des Magens nicht. Deshalb nahm Hay an: Die allgemein übliche Ernährung widerspricht durch ihre Mischung von Eiweiß und Kohlenhydraten bei einer Mahlzeit der Chemie des Körpers und verwirrt die Verdauung. Ganz so groß ist das Durcheinander aber wohl doch nicht, denn wir können durchaus Eiweiß und Kohlenhydrate gleichzeitig verdauen.
Dennoch hat die Trenn-Kost erwägenswerte Aspekte. Zum Beispiel wenn es darum geht, die Übersäuerung des Körpers zu bekämpfen, die Hay als Ursache vieler Krankheiten ansieht. Sauer wird der Körper durch Säurebildner wie Weißmehl, weißen Zucker und andere raffinierte und denaturierte Nahrungsmittel. Sauer wird der Körper aber auch durch ein Übermaß an Eiweiß, dessen Rückstände ebenfalls

Säuren sind. Es kommt auf das richtige Verhältnis von säurebildender und basenbildender Nahrung an. Nur $\frac{1}{5}$ sollte aus Brot, Stärke, Fleisch, Eiern, Käse und so weiter bestehen. $\frac{4}{5}$, den überwiegenden Teil also, sollten Gemüse, Salate, frische Früchte und so weiter ausmachen. Bei uns ist das Verhältnis normalerweise umgekehrt. Nahrungsmittel, die in konzentrierter Form Kohlenhydrate oder Eiweiß enthalten, dürfen bei der Trenn-Kost nicht in einer Mahlzeit gemeinsam gegessen werden. Den Grund, das Durcheinanderbringen der Chemie des Körpers, habe ich schon erwähnt. Zwischen den Mahlzeiten sollte nach Hay ein Abstand von etwa 4 Stunden liegen. Fett darf bei jeder Mahlzeit gegessen werden, reichlich Obst und Gemüse muß immer dabei sein.
Sehr viel Wert wird auf naturbelassene Nahrungsmittel gelegt. Im übrigen soll nicht nur getrennt, sondern auch nicht übertrieben werden. Das gilt nicht nur für die Kohlenhydrate, sondern auch für das Eiweiß. Mehr als 60 bis 100 Gramm Fleisch oder andere Eiweißprodukte werden nicht für nötig gehalten, und auch der Fettbedarf wird mit 30 bis 60 Gramm niedrig angesetzt. Sehr viel Wert wird auf die Darmreinigung gelegt, deshalb gibt es viel Leinsamen, aber auch Klistiere, und sehr viel Obst.
Bei dieser Diät soll sich das Gewicht allmählich normalisieren. Dicke sollen ab-, Dünne zunehmen.

Null-Diät und Fastenkuren

Die Null-Diät ist, wie ihr Name sagt, eine Diät, bei der man null Kalorien zu sich nehmen darf.
Man lebt nur von kalorienfreien Getränken, mindestens 3 Liter, und Vitamintabletten. Solche Kuren sollen nur unter ärztlicher Überwachung in Kliniken durchgeführt werden. Eine abgewandelte Form der Null-Diät ist von Professor

Ditschuneit aus Ulm entwickelt worden. Die übergewichtigen Patienten bleiben zwar auch unter ärztlicher Überwachung, sie müssen aber nicht stationär aufgenommen werden. Sie können zu Hause bleiben und sogar ihrer Berufstätigkeit nachgehen. Der wesentliche Unterschied zur Null-Diät liegt darin, daß eine Menge von 33 Gramm Eiweiß pro Tag in Form eines speziellen Trunks zu sich genommen wird. Das Saftfasten nach Buchinger deckt den Vitamin- und Mineralstoffgehalt durch die Säfte und Gemüsesuppen. Außer-

dem wird damit auch ein tägliches Kalorienminimum von etwa 300 Kalorien zugeführt. Über längere Zeit sollte auch das Saftfasten nur unter Aufsicht eines Arztes, am besten in einer dafür vorgesehenen Einrichtung, stattfinden.
Ein einwöchiges Saftfasten, wie wir es in unserer »Fernseh-Fastenwoche« einem großen Publikum zugänglich gemacht haben, ist sehr gut zu Hause und bei voller Berufstätigkeit durchzuführen. Natürlich gelten bestimmte Einschränkungen. Das betrifft die Art der Berufstätigkeit. Wer zum Beispiel für das Leben anderer Menschen verantwortlich ist, einen

Bus fährt, einen Lastwagen, Pilot ist und ähnliche Funktionen ausübt, darf nicht gleichzeitig fasten und seinem Beruf nachgehen. Die Einschränkungen gelten aber auch bei gesundheitlichen Störungen, die ärztlich zu überwachen sind. Wer das erste Mal fastet, tut gut daran, sich vorher untersuchen zu lassen.

Kürzerfristiges Fasten kann man mit großem Gewinn einsetzen, um den richtigen Absprung von Schlemmergewohnheiten zu finden und den Einstieg in eine vernünftige Diät zur Umstellung der Ernährungsgewohnheiten zu erleichtern. Ich habe das Wochenendfasten zu diesem Zweck eingesetzt. Sie können alle genauen Informationen dazu in dem entsprechenden Kapitel nachlesen. Darüber hinaus sind solche kurzen Fastenzeiten auch geeignet, um die »ins Gewicht fallenden« Nachwirkungen einer Reihe von guten Tagen zu bekämpfen.

Obwohl man beim Fasten keine feste Nahrung zu sich nimmt, ist die Art der Ernährung, zumal wenn sie das Minimum an Eiweiß enthält, und man dafür sorgt, daß der Vitamin- und Mineralstoffhaushalt nicht durcheinanderkommt, der Gesundheit weitaus zuträglicher als einseitige Diäten. Letztere entlasten den Organismus nicht, sie belasten ihn mit ihrer unausgewogenen Nährstoffrelation. Beim Fasten holt sich der Organismus das, was er braucht, aus den Vorräten seines eigenen Körpers. Wir müssen unsere Kräfte nicht darauf verwenden, den von außen zugeführten Überfluß wieder loszuwerden, wir können uns ganz auf das Ausscheiden von Stoffen konzentrieren, die als Ballast herumgetragen werden. Fasten ist Reinigung, Entschlackung und kann Gesundung des Körpers und der Seele bedeuten.

Akupunktur

In den letzten Jahren hat sich die Akupunktur auch in unserem Lande von einer als beinahe magisch empfundenen Behandlungsweise für solche, die daran glauben, zu einer mehr und mehr anerkannten Therapiemöglichkeit entwikkelt. Dabei sind die Indikationen für die Akupunktur deutlicher geworden. Das heißt, man hat genauere Kenntnis darüber, welche Krankheiten gut mit Akupunktur zu behandeln sind und welche weniger. Für die Behandlung von Krankheiten, deren Hauptsymptom der Schmerz ist, hat sich die Akupunktur als besonders geeignet erwiesen. Von der Möglichkeit, Akupunktur zur Schmerzbetäubung bei Operationen zu Hilfe zu nehmen, wird mehr und mehr Gebrauch gemacht.

Die Ansicht, daß das Eßverhalten mit Hilfe von Akupunktur zu beeinflussen sei, muß nach wie vor zurückhaltend beurteilt werden. Es gibt durchaus Menschen, denen für die Zügelung ihrer ungehemmten Eßlust noch ein letzter Anstoß fehlt und denen die Akupunktur dabei helfen kann. Wer aber glaubt, zum Beispiel mit einer Nadel im Ohr von jedem eigenen Zutun befreit zu sein und durch ein Wunder schlank zu werden, während er weiter munter drauflos ißt, der wird sich in seinen Erwartungen enttäuscht finden.

Wenn Ihnen meine Diät gefallen hat

Welche Diät Sie auch ausprobieren mögen, ich bin sicher, daß Sie nach »solchen Ausflügen« doch immer wieder zu einer ausgewogenen Kost zurückkehren. Nur sie wird auf lange Sicht Ihren Bedürfnissen gerecht und gefährdet nicht die Gesundheit. Wenn sie uns darüber hinaus auch noch erlaubt, Gewicht abzunehmen, später das Gewicht zu halten und trotzdem satt zu werden, wird man ihr automatisch den Vorrang geben.

Unter diesen Gesichtspunkten habe ich meine Diät für Sie entwickelt. Mein Wunsch ist, daß Sie damit Ihr Ziel erreichen. Und das heißt ja nicht nur Gewicht verlieren!

Meine Diät soll Ihnen darüber hinaus einen Weg zu besserer Gesundheit und damit zu mehr Lebensfreude zeigen. Viel Erfolg auf diesem Weg!

Sachgruppen-Register

ERNÄHRUNG UND GESUNDHEIT

ÜBERGEWICHT UND KRANKHEITEN

ZUSAMMENSETZUNG DER NAHRUNG

NAHRUNGSMITTEL, GENUSSMITTEL, GETRÄNKE

URSACHEN DES ÜBERGEWICHTS

IDEAL- UND NORMALGEWICHT

DIE KÜHNEMANN-DIÄT

TIPS ZUR DURCHFÜHRUNG

HILFSMITTEL ZUM ABNEHMEN

KÖRPERPFLEGE

ERNÄHRUNGSSPEZIALISTEN

ANDERE DIÄTEN

Alphabetisches Register

HEYNE DIÄTKOCHBÜCHER

Abnehmen ohne zu leiden. Experten geben Tips für schmackhafte Wege zu Schlankheit, Gesundheit, Schönheit

07/4393 - DM 7,80

07/4340 - DM 4,80

07/4420 - DM 7,80

07/4353 - DM 5,80

07/4369 - DM 10,80

07/4350 - DM 8,80

07/4397 - DM 6,80

07/4367 - DM 9,80

HEYNE RATGEBER

Natürlich leben, gesünder leben mit Heyne-Taschenbüchern

08/4712 – DM 7,80

08/4876 – DM 7,80

08/4748 – DM 7,80

08/4688 - DM 7,80

08/4873 - DM 9,80

08/4962 - DM 6,80

08/4964 - DM 8,80

08/4946 – DM 8,80